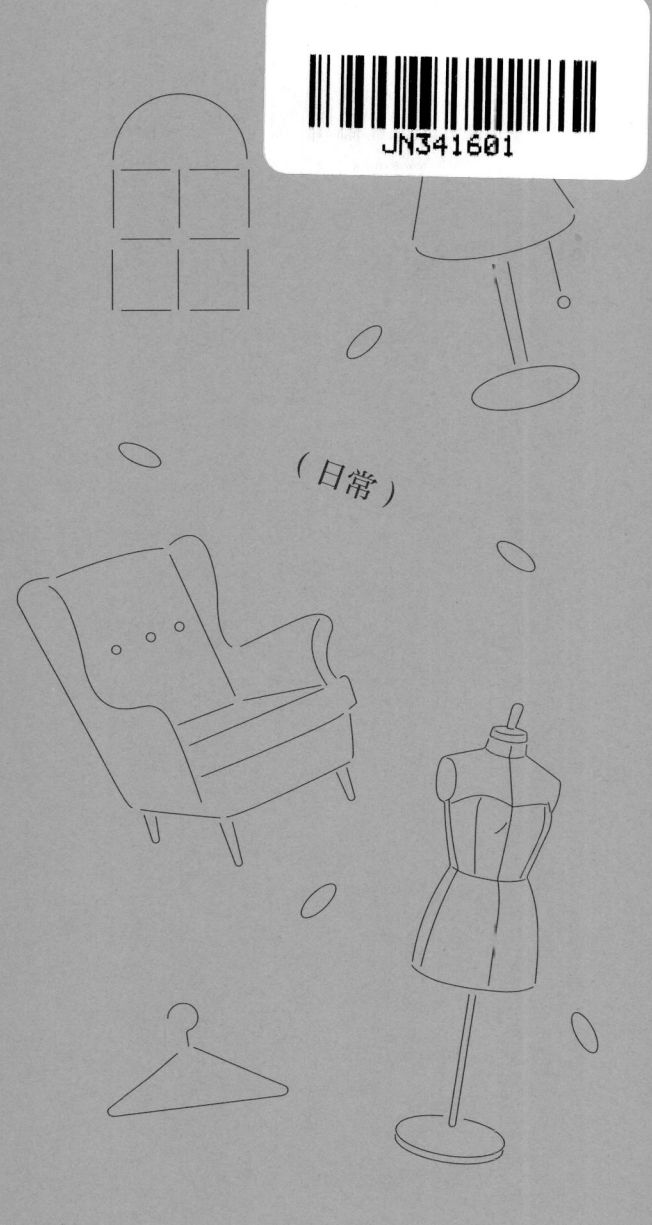

일본어 명카피 핸드북

家族は、　가족은 귀찮은 행복이다.
面倒くさい幸せだ。

일본어 명카피 핸드북

정규영 엮고 씀

✉

우연은 우연히 일어나지 않는다.

偶然は、偶然に起きない。

earth music & ecology (2021)

안녕하세요! 저는 광고 크리에이티브 디렉터 정규영이라고 합니다. 이 책을 읽는 분이라면 아마 광고 카피, 일본어, 명문장 중 적어도 하나에는 관심 있는 분이겠죠? 반갑습니다. 저는 세 가지 모두 관심이 있는 사람입니다. (웃음)

여러분은 어떤 우연한 계기로 '적어도 하나'에 관심을 갖게 되셨나요? 저는 노래였습니다. 우연히 들은 일본 노래가 너무 좋았고, 가사가 궁금하더라고요. 그래서 일본어 공부를 본격적으로 시작하게 되었고, 학원도 다니며 공부에 열을 올리던 중에, 일본 광고 카피를 우연히 마주쳤습니다. 짧은 문장 속에 담긴 묵직한 메시지가 놀라웠습니다. 한 줄짜리 카피가 만드는 여운은 광고 일을 꽤 오래 해온 저에게도 신선한 자극이 되었습니다.

처음엔 직접 카피를 번역해 보며, 간단한 감상을 기록했습니다. 그러다 일본 카피의 매력에 깊이 빠져들어 잡지, 서적, 연감, 온라인 등 가능한 모든 방법으로 좋은 카피를 모으게 되었습니다. 그렇게 모인 카피가 어느새 몇천 개에 이르렀고, 이 보물 같은 문장들을 혼자 간직하기 아깝다는 생각에 브런치와 인스타그램에 소개하기 시작했습니다. 우연히 저의 글을 읽은 출판사의 연락으로 첫 책을 썼고, 덕분에 잡지 기고와 강연도 하고 있습니다.

일본어 카피가 제 인생을 새로운 길로 이끈 것은 단순한 우연일 수도 있습니다. 하지만 돌아보면, 제가 좋아서 하던 일들이 저도 의식하지 못하는 사이에 자연스럽게 이어진 결과였던 것 같습니다. 여러분이 이 책을 만난 것도 우연만은 아닐 겁니다.

독자 여러분이 이 책을 통해 일본어의 매력뿐 아니라, 좋아하는 문장을 발견하면 좋겠습니다. 그리고 우연히 발견한 그 문장이 언젠가 여러분께 힘이 되었으면 합니다. 무엇보다 책을 읽는 내내 웃고, 감탄하고, 생각에 잠기는 시간이 되기를 바랍니다.

정규영 드림

책 소개

이 책은 전형적인 일본어 학습서가 아닙니다. 일본어 문법과 어휘를 체계적으로 다루거나, 학습 단계를 지시하지 않습니다. 그러나 한 줄 문장에 담긴 깊이를 느끼며 일본어에 대한 흥미를 높이고, 광고를 통해 문화와 언어를 즐길 수 있습니다. 저도 일본어 공부를 하려는 목적으로 카피를 찾아본 것이 아니었지만, 자연스럽게 광고 카피가 좋은 학습 도구가 되었습니다. 왜냐하면 광고 카피는 언어를 배우는 자료로서 훌륭한 장점을 갖추고 있기 때문입니다.

우선, 카피는 쉽습니다. 광고는 모든 사람이 쉽게 이해할 수 있는 단어와 문장으로 구성됩니다. 복잡한 어휘나 긴 설명 없이도 메시지를 전달하기에, 일본어 독해가 낯선 초급 학습자에게도 적합합니다.

둘째, 반복 학습의 효과를 얻을 수 있습니다. 광고 카피는 자주 나오는 패턴과 단어가 있습니다. 이를 통해 자연스럽게 문장을 익히고, 암기할 수 있습니다.

셋째, 무엇보다 카피에는 그 나라 사람들의 생활, 가치관, 문화가 녹아있습니다. 언어를 배울 때는 문화에 대한 이해가 필요합니다. 단순히 언어를 배우는 것을 넘어 그 나라의 감성을 느껴보세요.

본 책에 나오는 카피들은 일본어 광고 카피 중에서도 완성도가 높은 명작들을 중심으로 선정했습니다. 특히 일본 TCC(Tokyo Copywriters Club)의 카피 연감에 등재된 작품과 같이, 창의적이고 강렬하면서도 공감을 불러일으키는 카피들에 초점을 맞췄습니다.

카피 하단에는 광고 기업 정보, 관련 배경, 일본 문화, 일본어 정보를 해설했습니다. 그냥 읽어도 좋은 카피도 있지만, 부연 정보를 통해 감동이 더욱 커지는 경우가 있습니다. 또한 카피 원문의 감동을 언어의 장벽 없이 느낄 수 있도록 뉘앙스를 설명했습니다.

미리 알면 좋은 일본어 카피 상식

1. 단어를 강조하려고 가타카나로 바꾸거나,
   부드럽게 보이려고 히라가나로 바꾸기도 합니다.
2. 짧은 문장이지만 리듬감을 주기 위해 쉼표(,)와
   마침표(.)를 사용하고, 글자 수를 맞추기도 합니다.
3. 호기심을 유발하고, 여운을 남기기 위해
   내용을 생략하고, 암시적인 표현을 사용하기도 합니다.

> 차례

Part 1. 인생 人生

Part 2. 일상 日常

Part 3. 꿈 夢

Part 4. 일 仕事

Part 5. 관계 関係

총 200개의 카피를 다섯 가지 주제로 균형 있게 담았습니다.
이 카피들은 광고 이상의 가치를 지닌 문학적 작품이자,
일본어를 즐겁게 배우게 해주는 친구가 되어 줄 것입니다.

Part 1

인생 人生

―――――――― ✕ ――――――――

인생의 깊이와 넓이를 보여주는
카피들을 만나보세요.

Part 1

No.1 ~ No.20

원어 낭독과 함께 읽어보세요.

No.1

울면서 태어났다.
웃으면서 살고 싶다.

泣きながら生まれた。
笑いながら生きたい。

폴라 포스터 (2017)

화장품 브랜드 폴라(POLA)의 카피입니다. 스킨케어와 안티에이징 제품으로 유명한 브랜드로서, 더 젊고 아름다운 피부를 통해 만족스러운 삶을 전해 주겠다는 메시지를 담았습니다. 일반적인 화장품 광고들과는 달리, 인생의 시작과 삶의 희망을 연결한 문구가 인상적이네요. 두 문장의 끝부분에 같은 한자 生이 들어가서 시각적인 통일성을 주지만, 각각 生まれる와 生きる로 다른 단어들입니다. 같은 한자로 시작하는 다른 단어들이 절묘하게 대구를 이뤄, 멋진 문장이 완성됐습니다.

泣(な)く 울다 | ~ながら ~하면서 | 生(う)まれる 태어나다
笑(わら)う 웃다 | 生(い)きる 살다

No.2

1년 전엔 뭘 고민했어? 반년 전에는?
고민이란 그런 거다.

1年前は、なにを悩んでた?
半年前は?
悩みなんて、そんなもの。

온워드 온라인 광고 (2009)

온워드는 30대 전후의 여성이 타깃인 의류 브랜드입니다. 이 카피는 고민이 많은 나이대인 타깃 고객을 응원하기 위해 만들어졌습니다. 너무 고민에 빠지지 말고, 현재를 즐기면서 자신을 표현하라는 거죠. 悩んでた는 悩んでいた의 축약형인데요, 친근하면서도 캐주얼한 회화체를 쓰니 브랜드와 고객 간의 거리감이 좁혀지는 느낌입니다. 문장 끝이 ~もの(~것)로 끝나는 것이 낯설 수 있는데요, 어떤 상황이나 사실이 일반적으로 당연하거나 보편적임을 설명할 때 자주 사용합니다.

1年(いちねん) 일 년 | 前(まえ) 전 | 悩(なや)む 고민하다
半年(はんとし) 반년 | 悩(なや)み 고민, 괴로움 | そんなもの 그런 것

No.3

사람은
사람의 우산이 될 수 있다.

人は、
人の傘になれる。

에히메현 포스터 (2010)

일본의 남부에 속하는 에히메현(愛媛県)에서 만든 공익 캠페인 포스터의 문구입니다. 우산이라는 은유를 통해 결국 사람을 도울 수 있는 것은 사람밖에 없음을 말해 줍니다. 마음의 비는 따뜻한 사람의 마음만이 막아 줄 수 있으니까요. 당신에게는 당신의 우산이 되어 줄 사람이 있나요? 당신이 우산이 되어 주고 싶은 사람이 있나요? 이 문장의 なれる는 '될 수 있다'는 뜻으로, 원형인 なる(되다)와 마찬가지로 반드시 조사 に가 앞에 붙습니다.

人 (ひと) 사람 | 傘 (かさ) 우산 | ~になる ~가 되다

No.4

마지못해 일할 만큼
인생은 길지 않다.

嫌々働くほど、
人生は長くない。

후지택시 인쇄 광고 (2012)

❖ ❖ ❖

택시 운전기사를 모집하는 광고의 카피가 이렇게 뼈 때리는 인생론을 담을 수도 있군요. 급여와 조건을 제시하기에 앞서, 정신이 번쩍 들게 확실한 자극을 주는 문장입니다. 어떤 일이든 마찬가지겠죠? 인생은 길지 않습니다. 기왕이면 하고 싶은 일을 재미있게, 열심히 하며 살자고요. 々는 같은 한자가 반복될 때 씁니다. 복잡한 한자를 다시 쓰는 일을 줄여 주는 편리한 도구이죠. 그러니까 嫌々는 嫌嫌입니다. 嫌는 '싫다'는 뜻인데, 반복해서 나오니 정말 싫은 느낌이 들지 않나요?

嫌々(いやいや) 마지못해, 어쩔 수 없이 | 働(はたら)く 일하다
~ほど ~정도, ~만큼 | 人生(じんせい) 인생 | 長(なが)い 길다

No.5

어른에게는 졸업이 없다.
언제 시작해도, 언제까지 해도 된다는 뜻이다.

おとなには、卒業がない。
いつ始めても、いつまでやってても
いいってことだ。

오츠카 이온워터 포스터 (2019)

졸업이 없다는 것이 끝없이 가야 할 아득한 길만 놓여 있다는 뜻은 아니었군요. 자신의 속도대로 성장할 수 있으니, 어른이란 좋은 것이었네요. '이온워터'는 성인 소비자를 겨냥한 저칼로리 데일리 이온 음료입니다. T-깃층의 수분 보충을 넘어 인생의 동반자로 자리 잡고자 하는 의지가 느껴지시나요? いいってことは いい(좋다)에 인용을 나타내는 ~って와 こと(것)가 결합한 표현으로, '좋다는 것'이라는 의미입니다. 그리고 いい는 문맥에 따라 '괜찮다' 또는 '된다'로도 해석할 수 있습니다.

大人(おとな) 어른 | 卒業(そつぎょう) 졸업 | いつ 언제
始(はじ)める 시작하다 | いつまで 언제까지 | やる 하다

No.6

인생은
조금씩 조금씩 괜찮아져 간다.

人生は、
少しずつ、少しずつ、
大丈夫になってゆく。

코르크 신문 광고 (2021)

장애인 가족 이야기를 다룬 책 '가족이니까 사랑한 게 아니라, 사랑한 것이 가족이었다'의 광고 카피입니다. 세계 다운 증후군의 날(3월21일)에 맞춰 게재된 이 광고는 어떠한 어려움이 있어도, 삶은 조금씩 좋은 방향으로 전진한다는 낙관적인 메시지를 담고 있습니다. 少しずつ(조금씩)라는 단어를 반복한 것이 카피의 포인트입니다. 눈에는 잘 보이지 않을지라도 거시적으로 보면 인생이란 미세하게라도 긍정적으로 바뀐다는 희망적인 뉘앙스를 잘 살렸습니다.

少(すこ)しずつ 조금씩 | 大丈夫(だいじょうぶ) 괜찮다 | ゆく 가다

No. 7

불경기를 핑계 삼으면
인생의 절반이 핑계가 된다.

不景気を言い訳にすると、
人生の半分は言い訳になる。

리쿠르트 포스터 (2014)

❖ ❖ ❖

매년 사장님들의 신년사는 '단군 이래 최대 불황'이라는 이야기로 시작합니다. 앞으로 회사원들과 구직자들에게 좋은 시절이 언제 올지 모르겠네요. 결국 우리 스스로의 적극적인 태도와 의지가 중요한 것이겠죠. 訳는 원리, 사정, 이유 등을 나타내는 명사인데, '말하다'는 의미의 言う와 결합하여 言い訳는 '변명', '핑계'라는 뜻이 됩니다. 책임을 회피하는 부정적인 의미로 흔히 사용됩니다.

不景気(ふけいき) 불경기 | 言(い)い訳(わけ) 변명, 핑계
半分(はんぶん) 절반 | ~になる ~가 되다

No.8

봄은
희망의 다른 이름 같다.

春は、
希望の別名みたいだ。

닛산 프린스 신문 광고 (1976)

봄은 '봄'이란 그 한 음절만으로도 왠지 마음이 따뜻해지고 설레기 시작합니다. 꽃이 피고, 아이들은 학교에 가기 시작하고, 졸업생은 취업을 하는 봄은 늘 시작의 의미와 연결되니까요. 인생의 봄이란 말이 괜히 있는 게 아니죠. ~みたいだ는 비유나 추측을 나타내는 표현입니다. '~와 같다', '~인 것 같다'는 뜻으로 해석됩니다. 비슷한 표현으로는 조금 더 격식이 있는 ~ようだ, 전해 들은 것을 이야기하는 ~そうだ, 구어체적인 표현인 ~っぽい 등이 있습니다.

春(はる) 봄 | 希望(きぼう) 희망 | 別名(べつめい) 별명

No.9

미래는
희망과 불안으로 이루어져 있다.

未来は、
希望と不安で、できている。

미쓰이스미토모해상 포스터 (2017)

100년 이상의 역사를 가진 일본의 대표적 보험 회사 미쓰이스미토모해상(三井住友海上)의 카피입니다. 미래에 대한 불확실성은 보험업의 기본 전제이죠. 우리는 그럼에도 꿋꿋하게 앞을 바라보며 살아갑니다. 인생은 어쩌면 불안과 희망이 공존하기 때문에 사는 재미도, 사는 의미도 더 있는 것일지 모릅니다. できている는 '되어 있다', '이뤄져 있다'는 뜻으로 기업 PR 광고의 카피에서 자주 사용되는 문형입니다.

未来(みらい) 미래 | 希望(きぼう) 희망 | 不安(ふあん) 불안
できている 이루어져 있다

No.10

인생 억수로 길데이.
어데서 이길지 어데서 질지 모른다 아이가.

人生ってむっちゃ長いんやで。
どこで勝つかどこで負けるか
わからへん。

후쿠이신문 신문 광고 (2009)

후쿠이현(福井県)의 지역 언론인 후쿠이신문의 기업 PR 광고 카피입니다. 예전에는 많은 사람들이 제때 좋은 학교를 나와서, 좋은 회사에 들어가는 것을 목표로 했었죠. 그런데, 요즘은 많이 달라지고 있습니다. 인생의 갈림길이 대학입시나 첫 취업 때만이 아니니까요. 우리는 저마다의 속도로 살면서 저마다의 승부처를 만나게 될 겁니다. 이 광고에서는 지역에 뿌리를 둔 신문답게 むっちゃ(매우, 몹시), ~やで(단정적 표현), ~へん(부정 표현) 등 지역 사투리로 독자들에게 친근감을 주고 있습니다.

どこで 어디서 | 勝(か)つ 이기다 | 負(ま)ける 지다 | わかる 알다

그러고 보니 요즘,
이모티콘으로밖에 안 웃고 있다.

そういえば最近、
絵文字でしか笑っていない。

도우라쿠테이 판촉물 (2016)

요즘의 사회생활은 사람을 직접 만나기보다는 이메일과 메신저로 이루어지는 일이 더 많죠. PC와 스마트폰으로는 잔뜩 이모티콘을 보내며 소통하지만, 정작 진짜 얼굴로는 웃을 일이 없는 날도 생깁니다. 가상이 아닌 진짜 웃음이 필요할 때 찾아오라는 이벤트 Bar 도우라쿠테이(道楽亭)의 카피입니다. 絵文字는 이모티콘을 말합니다. 絵는 '그림', 文字는 '문자'라는 뜻으로 이모티콘을 뜻하는 영어 emoji의 어원이기도 합니다.

そういえば 그러고 보니 | 最近(さいきん) 최근 | ~で ~로 | ~しか ~밖에 | 笑(わら)ってる 웃고 있다

No.12

20대는 10대를 젊다고 생각하고
30대는 20대가 젊다고 생각하지.

20代は10代を若いと思い、30代は20代を若いと思う。

earth music & ecology 포스터 (2019)

❖ ❖ ❖

모든 세대는 자신이 낀 세대라고 생각합니다. 꼰대 같은 윗세대와 버릇없는 아랫세대 사이에 끼여 있다고 믿죠. 맞는 이야기입니다. 몇천 년부터 변함없이 그래 왔을 겁니다. 고대 이집트의 파피루스에도 "요즘 애들 싸가지 없다"라고 적혀 있다잖아요. 첫 문장에서 思い는 '생각'이라는 명사가 아니고 '생각하다'라는 뜻의 동사 思う의 연용형*으로 변형된 형태로 두 문장을 부드럽게 연결해 주는 역할을 합니다.

* 동사나 형용사를 다른 말과 연결해서 활용할 때의 형태

20代(にじゅうだい) 20대 | 10代(じゅうだい) 10대 | 若(わか)い 젊다
30代(さんじゅうだい) 30대 | 思(おも)う 생각하다

No.13

인생의 정답은 하나가 아니라고 생각했다.
저마다의 길, 아름답게.

人生の正解は
いくつもあると思った。
それぞれの道、美しく。

시세이도 TV 광고 (1997)

'20년만의 동창회'라는 자막과 함께 옛날 교실에 모인 친구들의 모습이 보입니다. 차림새와 하는 일은 모두 다르지만, 저마다 가치 있는 삶을 살고 있다는 응원의 메시지가 내레이션으로 흐르는 좋은 광고입니다. いくつ는 기본적으로 '몇 개', '몇 살' 등을 의미하는 의문사입니다. 이 카피에서와 같이 문맥에 따라서 '여럿'으로 해석할 수 있습니다. 그래서 첫 문장을 직역하면 '인생의 정답은 여러 개 있다고 생각했다'인데, 그 뜻을 강조하기 위해 여기서는 '하나가 아니라고 생각했다'로 옮겼습니다.

人生(じんせい) 인생 | 正解(せいかい) 정답 | いくつ 몇 개, 여러 개
それぞれ 각각, 각자 | 道(みち) 길 | 美(うつく)しい 아름답다

바보같이 멋진 인생을.

ばかすばらしい人生を。

쿠리야마베이카 바카우케 TV 광고 (2024)

제과업체 쿠리야마베이카가 과자 제품 바카우케(ばかうけ)의 35주년을 기념해 제작한 광고입니다. 과자 이름과 광고 카피에 들어가는 ばか는 '바보'라는 뜻인데, 강조하거나 감탄할 때 '엄청'이라는 의미로도 쓰입니다. 그래서 과자 이름과 광고 카피 모두 '엄청'이라는 뜻으로 해석하는 것이 맞지만, 광고에는 바보 같아 보이는 남자가 등장합니다. ばか를 모티프로 바보 같을 만큼 우직하게 과자를 만들어 온 35년간의 열정을 광고에 담아낸 것입니다. 그 의도를 전달하기 위해 '바보같이 멋진'으로 옮겼습니다.

ばか 바보, 엄청 | すばらしい 훌륭하다, 굿지다 | 人生(じんせい) 인생

No.15

인생에 없던 것만이
인생을 바꿀 수 있다.

人生になかったものしか、
人生は変えられない。

혼다 TV 광고 (2011)

변하지 않는 생각, 변하지 않는 행동으로 무엇을 바꿀 수 있을까요? 그동안 생각해 본 적 없는 대담한 발상과 시도해 본 적 없던 도전이 새로운 길을 만들고 달라진 인생을 열어 주는 것이죠. 인생에 없던 것이야말로 나에게서 출발하는 것이라는 자동차 기업 혼다의 통찰이 인상적입니다. ~しか~ない는 강하게 메시지를 전달하는 문형으로 '~밖에 ~없다'는 뜻입니다. 이 카피를 직역하면 '인생에 없던 것밖에, 인생을 바꿀 수 없다'가 되죠.

なかった 없던, 없었다(ない의 과거) | もの 것 | ~しか ~밖에
変えられる 바꿀 수 있다[変える의 가능형]

No.16

어른이란
울지 않는 거라고 생각했다.

オトナって、
泣かないものだと思ってた。

온워드 온라인 광고 (2009)

❖ ❖ ❖

그런데 웬걸, 나이를 먹을수록 눈물이 더 많아지네요. 영화관에서는 물론이고, 출근길에 듣는 노래 가사에도, 심지어 광고 한 편에도 눈물이 날 때가 있습니다. 항상 강해 보이고, 절대 울지 않을 것 같던 내 어린 시절의 어른들도 다 마찬가지였겠죠? 이 카피에서 '어른'이란 뜻의 大人를 가타카나 オトナ로 표기해 강조했네요. 思ってた는 과거에 지속적으로 믿었고, 지금 와서 보니 그 생각이 틀렸거나 달라졌다는 뉘앙스를 담고 있습니다.

大人(おとな) 어른 | 泣(な)く 울다 ~ものだ ~한 법이다
思(おも)う 생각하다

No.17

여행의 목적지가
길 그 자체가 되기도 한다.

旅の目的地が、
道だったりする。

레드바론 인쇄 광고 (2009)

효율과 속도가 중요한 세상입니다. 하지만 과정의 즐거움까지 점점 사라지는 것은 아닌지 아쉬운데요. 그런 점에서 오토바이 전문 기업 레드바론의 이 카피는 가볍지 않은 파장을 전해 줍니다. 旅(たび)와 旅行(りょこう)는 모두 여행이라는 뜻인데, 뉘앙스가 조금 다릅니다. 旅行가 비교적 짧은 기간 떠나는 '관광'의 의미가 강한 반면, 旅는 좀 더 긴 시간 동안 떠나는 '순례'나 '여정'을 의미합니다. 좀 더 성찰하는 느낌이 있다 보니 이 카피에서도 旅行 대신 旅를 쓴 것 같습니다.

旅(たび) 여행 | 目的地(もくてきち) 목적지 | 道(みち) 길
~たりする ~곤 하다

오답이 아닙니다.
미정답(未正解)입니다.

不正解ではありません。
未正解です。

일본교육대학원대학 포스터 (2015)

❖ ❖ ❖

세상엔 정답과 오답으로만 설명할 수 없는 일이 많습니다. 그래서 교사를 양성하는 대학이 만든 이 카피가 더욱 의미 있게 느껴집니다. 학생들이 내는 답이 맞지 않아도, 오답이 아니라 답을 만들어 가는 과정으로 지켜봐 주는 선생님이 많이 배출되면 좋겠네요. 正解는 '정답'이라는 뜻으로 일상생활에서도 많이 사용합니다. 반대인 不正解는 '오답'입니다. 카피의 의미를 강조하기 위해 未正解라는 단어를 만들어 대구를 이룬 카피적 배치가 눈에 띄네요.

不正解 (ふせいかい) 오답

No.19

인간임을 게을리하지 마라.

人間をさぼるな。

카도카와문고 TV 광고 (2009)

카도카와문고 〈여름의 100권〉 시리즈의 TV 광고에 등장한 카피입니다. 인간의 의미와 본질을 묻는 간명한 문장이 머릿속에 오래도록 울림을 줍니다. さぼる는 일반적으로 가타카나를 섞어 サボる로 표기합니다. '태업'을 가리키는 프랑스어 sabotage의 앞글자 sabo에 る를 결합하여 동사로 만든 것입니다. 속어적인 표현으로 '일이나 수업을 땡땡이친다'는 뜻이 됩니다. 원문을 직역하면 '인간을 게을리하지 마라'입니다만, 카피의 의도를 명확히 하기 위해 '인간임을'로 옮겼습니다.

人間(にんげん) 인간 | サボる 게을리하다, 땡땡이 치다

No.20

언젠가는
서두르지 않으면 안 도는 날이 온다.

いつかは
急がなければいけない
日がくる。

JR동일본 청춘18티켓* 신문 광고 (1990)
* JR의 보통 열차를 정해진 기간 동안 제한 없이 이용할 수 있는 티켓

'여행과 성장'을 주제로 수많은 사람들의 공감을 얻고 있는 청춘18티켓(青春18きっぷ)의 광고 카피입니다. 할 수 있을 때 하지 않으면, 어떤 식으로든 더 큰 대가를 치러야 하는 목록에는 여행도 꼭 들어가죠. 지금의 자신으로부터 멀리 떠나서, 또 다른 자신을 발견하는 일은 늦추지 않는 편이 좋습니다. ~なければいけない는 '~하지 않으면 안 된다'는 뜻으로, 이중 부정을 통해 강한 의무나 필요성을 강조합니다.

いつか 언젠가 | 急(いそ)ぐ 서두르다
~なければいけない ~하지 않으면 안 된다 | 日(ひ) 날, 해 | くる 오다

No.21

보는 법이
사는 법을 바꾼다.

見え方は、
生き方を変える。

난오그룹 브로슈어 (2017)

❖ ❖ ❖

시력 교정 제품 전문 업체가 인생을 바라보는 철학입니다. 기본적으로는 시력이 좋아지면 생활이 편리해진다는 뜻이겠지만, 무엇을 어떻게 보고 사는가가 결국 인생을 바꾸게 된다는 의미까지 담고 있습니다. 여기서 見え方는 '시야', '보이는 상태'를 말할 때 쓰는 일반적인 표현입니다. 안경집에 가서 안경을 맞추면 "見え方はどうですか?"라는 질문을 받는데, "잘 보이세요?"라는 뜻이죠. 여기서는 '사는 방식'을 의미하는 生き方와 라임을 맞춘 원문 카피의 느낌을 살리기 위해 '보는 법'으로 의역했습니다.

見(み)え方(かた) 시야, 보이는 상태 | 生(い)き方(かた) 사는 방식
変(か)える 바꾸다

No.22

세상에 바보가 많아서
피곤하지 않으세요?

世の中、バカが多くて
疲れません?

에자이 쵸코라BB 드링크 TV 광고(1992)

고수부지의 풀밭에 쭈그리고 앉아 있던 여성이 갑자기 화면을 바라보면서 "세상에 바보가 많아서 피곤하지 않으세요?"라고 물어보는 게 광고의 전부입니다. 그런데 의외로 큰 파장을 일으켰던 것 같습니다. 일부 시청자들의 항의로 방송이 금지된 것이죠. 결국, '바보'라는 말을 '똑똑한 사람'으로 바꿔서 방영했다는데요. 이 해프닝을 두고 일본의 유명 카피라이터 오노다 다카오(小野田隆雄)는 '정말 바보들은 피곤하다'고 촌평을 하기도 했습니다. 진짜 세상을 피곤하게 하는 건 바보들일까요, 똑똑한 사람들일까요.

世(よ)の中(なか) 세상 | バカ 바보 | 多(おお)い 많다
疲(つか)れる 지치다, 피곤하다

No.23

마음을 움직인다,
사람의 힘으로.

こころ動かす、
ひとの力で。

이세탄 백화점 OOH* (2024)
* 건물 벽, 간판, 교통수단 등 집 밖에서 접할 수 있는 모든 광고 매체

백화점은 단순히 물건을 파는 곳이 아닙니다. 사람과 사람이 만나고, 그 만남을 통해 새로운 가치가 창조되는 공간이죠. 이세탄은 이 카피를 통해 직원들의 따뜻한 서비스가 고객의 마음을 움직이고, 그것이 곧 기업의 존재 이유임을 이야기합니다. AI, 자율 주행 같은 화두가 세상을 휩쓸고 있는 시대에, '사람의 힘'이 가지는 가치가 더 커질 것이라는 이세탄의 생각이 읽힙니다. こころ(마음)와 ひと(사람)는 한자로도 표기하는데, 이 카피에서는 히라가나를 써서 단어에 부드러움과 온기를 더했네요.

心(こころ) 마음 | 動(うご)かす 움직이다 | 人(ひと) 사람 | 力(ちから) 힘

꿈은 꿈일 뿐이었음을
알게 되는 날이 온다.

夢は夢だったと
わかる日が来る。

요미우리신문 TV 광고 (2012)

❖ ❖ ❖

"올림픽 금메달을 딸 거야", "가수가 되어 화려한 무대에 오를 거야", "우주여행을 떠날 거야"…. 어렸을 때 가졌던 꿈을 오랫동안 품고 있는 사람은 많지 않습니다. 그 꿈을 이루는 사람들은 더욱 적습니다. 꿈이 꿈일 뿐이라는 사실을 알게 되는 사람을 우리는 어른이라고 부르는 게 아닐까요. 夢は夢だった는 직역하면 '꿈은 꿈이었다'입니다. 짧고 담백한 문장이 오히려 여운을 깊이 남깁니다.

夢(ゆめ) 꿈 | わかる 알다 | 日(ひ) 날 | 来(く)る 오다

No.25

해결하지 못한 것투성이라
두근두근.

できてないだらけって、
ワクワク。

덴소 TV 광고 (2021)

눈 앞의 난제 앞에서 누군가는 절망하고, 누군가는 가슴이 뜁니다. 세계적인 자동차 부품 기업 덴소는 환경 문제, 안전한 자율 주행 등 아직 해결되지 않은 자동차 업계의 과제 앞에서 설렘을 숨기지 않습니다. できてない는 できていない를 줄인 표현이고, 아직 해결하지 못한 상태를 말합니다. だらけ(투성이)를 붙여 '해결하지 못한 것투성이'라는 의미를 만듭니다. '두근두근', '설렘'을 뜻하는 의태어 ワクワク로 문장을 끝맺으니, 경쾌한 느낌이 드네요.

できる 할 수 있다 | ~だらけ ~투성이 | ~って ~라고, ~하다고
ワクワク 두근두근

향해 가는 쪽이 지름길이다.

向かっていくほうが、
近道だ。

ANA 옥외 광고 (2018)

지도상으로 확인할 수 있는 최단 거리가 언제나 최선의 길은 아닙니다. 때로는 돌아가는 것 같아도, 자신이 정말 가고 싶은 곳을 향해 한 걸음씩 나아가는 것이 결국에는 인생의 지름길이 되기도 하죠. 항공사의 카피답게 목적지를 향해 날아가는 여정의 의미를 담고 있지만, 동시에 우리 인생의 방향성에 대해서도 생각하게 만드는 깊이 있는 문장입니다. ~ていく는 동작이 계속 진행됨을 나타내는 표현으로, '향하다'는 뜻의 동사 向かう와 결합하여 '향해 가다'라는 의미가 됩니다.

向(む)かう 향하다 | ~ていく ~해 가다 | 方(ほう) 쪽, 편, 방향
近道(ちかみち) 지름길

사람의 절반은 뒷모습입니다.

人の半分は後姿です。

이세탄 백화점 인쇄 광고 (1991)

좋아하는 사람을 떠올릴 때, 우리는 보통 정면 모습만 생각합니다. 하지만 그 사람이 우리 곁을 떠날 때의 모습, 돌아서서 걸어가는 모습도 깊은 인상을 남기죠. 때로는 그 뒷모습이 더 오래 기억에 남기도 합니다. 後姿는 '뒤'를 가리키는 後와 '모양', '모습'을 가리키는 姿가 결합해 말 그대로 '뒷모습'을 의미하는 단어입니다.

人(ひと) 사람 | 半分(はんぶん) 절반 | 後姿(うしろすがた) 뒷모습

No.28

인간은 책을 읽는 동물이다.

人間は本を読む動物である。

신쵸샤 포스터 (987)

한국의 독서율이 해마다 떨어지고 있다는 뉴스는 너무 자주 접해서 더 이상 뉴스가 아닌 것 같습니다. 출판 왕국이라고 불렸던 일본도 서점이 점점 사라져 가고 있다고 하는데요. SNS와 숏폼 영상으로 채워진 시대, '책을 읽는 동물'이라는 인간의 정의는 이제 수정이 불가피한 것은 아닐런지요. である는 문장을 객관적으로 단정 짓는 종결어로, 주로 논문, 평론 등 격식 있는 글에서 사용되지만, 문학작품이나 문학적 표현에서도 단정적이고 격조 있는 어조를 전달하기 위해 사용됩니다.

人間(にんげん) 인간 | 本(ほん) 책 | 読(よ)む 읽다
動物(どうぶつ) 동물 | ~である ~이다

No.29

내 최후의 말은 무엇일까?

わたしの最期の言葉は
何だろうか。

야마구치현 장례업 협동조합 포스터 (2004)

마지막 말을 생각한다는 것은 어떤 삶을 살 것이냐의 문제입니다. '최후의 말'은 마지막에 만들어지지 않습니다. 지금도 만들고 있는 것이겠죠. 이 카피에 쓰인 最期와 最後는 발음도 똑같고 '마지막'이라는 의미도 비슷하지만, 미묘한 차이가 있습니다. 最後는 순서나 시간상의 마지막을 의미하는 일반적인 단어인 반면, 最期는 주로 인생의 마지막이나 죽음을 의미할 때 사용됩니다. 이 광고에서도 삶의 종말이라는 의미를 강조하기 위해 最期를 선택했네요.

私(わたし) 나 | 最期(さいご) 최후, 종말 | 言葉(ことば) 말 | 何(なん) 무엇
~だろうか ~일까

No.30

정답이 하나밖에 없는 세상은 지루하다.

正解が一つしかない
世の中は退屈だ。

소고·세이부 백화점 신문 광고 (2018)

1+1=2처럼 정답이 하나밖에 없는 세상은 마음은 편해도, 재미는 없을 겁니다. 인생이 멋진 것은 여러 개의 선택지가 놓여 있기 때문이겠죠. 불안하고 힘든 점도 있지만 여러 갈래의 길을 즐겁게 받아들이면 좋겠습니다. 退屈だ는 주로 개인의 감정에 초점을 맞추는 표현으로, '지루하다'라는 상태를 주관적으로 나타냅니다. 비슷한 의미로는 つまらない가 있는데요, 주로 어떤 대상을 평가할 때 사용되며, 그 대상이 재미없거나 흥미롭지 않다고 느낄 때 쓰입니다.

正解(せいかい) 정답 | 一(ひと)つ 하나 | ~しか ~밖에
世(よ)の中(なか) 세상 | 退屈(たいくつ)だ 지루하다

No.31

창문은 교실의 왼쪽에 있다.
네가 쓰는 글자가 손 그림자에 가려지지 않도록.

窓は、教室の左側にある。
キミの文字が手の影で
隠れないように。

AKK AP 아사히 광고제 출품작 (2010)

학교 교실의 창문은 왜 항상 왼쪽에 있을까요? 대부분의 사람이 오른손잡이라서, 오른쪽에서 들어오는 빛이면 글씨를 쓸 때 손 그림자가 글자를 가리게 됩니다. 그래서 왼쪽에 창을 둔 거라고 하네요. 130여 년 전 메이지 시대에 만들어진 학교 건축 지침에 있던 것이라고 합니다. 이 광고는 실제 집행된 것은 아니고, 광고제에 일반 공모 부문에 출품된 작품입니다. 오래전에 만들어진 지침에서 발견한 사람을 향한 배려가 마음을 움직입니다. ~ようには 목적이나 의도를 나타내는 표현으로, '~하도록'이라는 배려의 뜻을 담고 있습니다.

窓(まど) 창문 | 教室(きょうしつ) 교실 | 左側(ひだりがわ) 왼쪽
君(きみ) 너, 그대 | 文字(もじ) 글자 | 手(て) 손 | 影(かげ) 그림자
隠(かく)れる 가려지다

No.32

절친이
언제 적이 될지 모른다.

親友が、
いつ敵になるかわからない。

소고·세이부 백화점 포스터 (2009)

❖ ❖ ❖

"미안, 이건 내가 먼저 봤어~." 딱 한 벌만 남은 세일 상품 앞에서 친구는 이미 라이벌이 되어 있습니다. 시트콤의 한 장면처럼 백화점 세일을 표현한 이 카피를 마냥 웃고 지나가게 되지 않네요. 바겐세일 말고도 인생이란 긴 여정에는 우정을 접게 만드는 수많은 갈림길이 등장하기 때문일까요. '친구'라는 뜻으로 널리 쓰이는 友達에 비해, 親友는 한 두 명 밖에 안 되는 매우 친한 친구를 의미합니다. 적으로 변할 때 반전의 강도를 높이기 위해 이 카피에서는 親友를 선택했네요.

親友(しんゆう) (매우) 친한 친구 | いつ 언제 | 敵(てき) 적
~になる ~가 되다 | わからない 모르다

No.33

꿈에는 도전료가 필요하다.

夢には、
挑戦料がいる。

머니디자인 포스터 (2019)

❖ ❖ ❖

꿈을 꾸는 것은 무료이지만, 꿈을 실행하는 것은 유료입니다. 유학, 창업, 전직… 모든 도전에는 돈이라는 현실적인 뒷받침이 필요하죠. 온라인 자산 운용 서비스를 제공하는 머니디자인은 이 냉정한 한마디로, 꿈과 돈의 관계를 정직하게 이야기합니다. 막연하게 꿈을 응원하는 것보다 더 도움이 되는 것일지 모릅니다. 여기서 '필요하다'는 뜻으로 쓰인 いる는 한자도 함께 기억해 두세요. 要る라고 표기하는 경우가 있습니다. 또한 생명체의 존재를 나타내는 いる(~이 있다)와는 문맥상으로 구분해야 합니다.

夢(ゆめ) 꿈 | 挑戦(ちょうせん) 도전 | 料(りょう) 비용 | 要(い)る 필요하다

길을 만든 사람은
길을 벗어난 사람이라고 생각한다.

道をつくった人は、
道をはずれた人だと思う。

FILT 87호 표지 (2017)

이미 있는 길 안에서는 새로운 길이 만들어질 수 없습니다. 세상이 정한 경로를 벗어난 사람들이 만든 새로운 길은 수많은 사람들에게 영감을 주고 더 큰 가능성을 제시합니다. 이탈이 혁신이 되는 순간입니다. 격월간 라이프스타일 잡지 FILT는 매번 감각적 표지 카피로 이목을 끄네요. はずれる는 '빠지다', '떨어지다', '빗나가다' 등의 뜻을 가진 단어입니다. 카피에 나오는 '길' 같은 구체적인 대상뿐만 아니라, '규범'이나 '기대' 같은 추상적인 것에서 벗어난다는 의미로도 쓰입니다.

道(みち) 길 | つくる 만들다 | 人(ひと) 사람 | 思(おも)う 생각하다

No. 35

사람에게는
방황할 시간이 필요하다.

人には
迷い子になる時間が必要だ。

긴키닛폰철도 신문 광고 (1983)

迷(まよ)い子(ご)는 '미아'라는 뜻입니다. 즉, 직역하면 '길 잃은 아이가 되는 시간이 필요하다'는 거죠. 원하는 곳까지 데려다주는 게 본업인 철도 회사가, 승객에게 길을 잃고 방황할 시간이 필요하다고 말을 건네고 있습니다. 이 역설이 가슴을 울리는 이유는 우리 모두가 그런 시간을 피할 수 없다는 것도 잘 알고, 그 시간을 통해 성장한다는 것을 이해하기 때문입니다. 迷い子와 같은 의미로 迷子(まいご)가 있습니다. 迷子는 현대 일본어에서 일상적으로 쓰는 표현이라면, 迷い子는 옛스러운 느낌이라 일상에서는 잘 쓰지 않고, 문학적인 뉘앙스를 주고 싶을 때 사용합니다.

~には ~에게는 | 迷(まよ)い子(ご) 미아 | 時間(じかん) 시간
必要(ひつよう) 필요

No. 36

아름다운 벚꽃일수록
긴 겨울의 시간을 견뎌 왔음을 떠올리게 됩니다.

見事なサクラであればあるほど、
長い冬の時間
耐えてきたことを思うのでした。

JR도카이 '그래, 교토에 가자' 캠페인 (2015)

화려하게 피어난 벚꽃 뒤에는 혹한을 이겨낸 긴 시간이 숨어 있습니다. 마치 김연아 선수의 완벽한 트리플 점프 뒤에 숨은 수만 번의 실패처럼, 발레리나의 우아한 동작 속에 감춰진 발목의 상처와 뭉개진 발처럼, 아티스트의 눈부신 퍼포먼스 뒤에 있는 고독한 연습 시간처럼요. 어쩌면 우리가 지금 통과하고 있는 이 시간처럼요. ~ば~ほどは '~이면 ~일수록'이라는 의미의 관용구입니다. 긴 고통을 견딘 만큼 아름다운 벚꽃을 이야기하기 딱 좋은 문형이네요.

見事(みごと)だ 훌륭하다, 멋지다 | 桜(さくら) 벚꽃 | ~である ~(이)다
長(なが)い 길다 | 冬(ふゆ) 겨울 | 時間(じかん) 시간 | 耐(た)える 견디다
思(おも)う 생각하다

No.37

날씬한 것보다 안 뻐근한 몸을
원하게 됐다면 어른이다.

細いより、凝らない身体が
ほしくなったら、オトナだ。

아텍스 마사지 쿠션 포스터 (2013)

살다 보면 관심의 중심이 조금씩 달라집니다. 외모만 신경 쓰던 시절에서 벗어나, 아프지 않고 편안한 신체 상태를 유지하는 데 더 마음이 가게 되는 것도 그런 변화 중 하나일 겁니다. 지극히 현실적인 이야기라 고개가 끄덕여지면서도, 왠지 모르게 슬퍼지는 건 제 기분 탓일까요? 凝る는 '열중하다', '공들이다', '엉기다', '결리다' 등 여러 가지 의미를 갖는 단어입니다. 광고 제품이 마사지 쿠션이어서, '뻐근하다' 혹은 '뭉치다'의 의미로 해석하는 게 자연스럽겠습니다.

細(ほそ)い 가늘다 | 凝(こ)る 뻐근하다 | 身体(からだ) 몸
ほしい 원하다, 가지고 싶다 | 大人(おとな) 어른

No.38

앞으로의 인생에서
지금이 가장 젊은 때이니까.

これからの人生で、
一番若いのは今だから。

아트네이처 신문 광고 (2017)

대통령처럼 권력이 있는 사람도, 재벌 회장처럼 돈이 많은 사람도 시간은 되돌릴 수 없죠. 내일의 나는 오늘보다 하루 더 늙어 있고, 내년의 나는 올해보다 한 살 더 늙어 있을 겁니다. 내일의 권력이나 돈으로도, 가질 수 없는 것이 오늘의 나입니다. 지금의 나를 즐깁시다. 그리고 한 살, 아니 하루라도 더 젊을 때 하고 싶은 것들을 마음껏 해 봅시다. 一番은 '가장', '제일'을 뜻하는 표현으로 일상적으로 많이 사용합니다. 문어체에서 많이 사용하는 最も도 같은 의미입니다.

これから 이제부터 | 人生(じんせい) 인생 | 一番(いちばん) 가장
若(わか)い 젊다 | 今(いま) 지금

No.39

변할 거야.
보이지 않는 곳이

変わるよ。
見えないところが

와세다 아카데미 포스터 (2017)

교복을 입은 한 학생의 비포 & 애프터 사진. 그런데 두 사진은 크게 달라 보이지 않습니다. 여름 학기를 안내하는 입시 학원의 광고였네요. 외모는 크게 달라지지 않겠지만, 쌓인 실력은 몰라보게 달라질 거라는 메시지입니다. 진짜 중요한 변화는 대개 눈에 보이지 않는 곳에서 일어나고 있죠. 여기서 ~よ는 화자의 마음을 담는 종조사로, 확신과 다짐의 뉘앙스를 더해 줍니다.

変(か)わる 변하다 | 見(み)える 보이다 | ところ 곳

No.40

인생은 반복할 수 없다.
그래서 영화가 탄생했다.

人生は繰り返せない。
だから映画が生まれたんだ。

시네마 라이즈 포스터 (2011)

현실의 우리는 한 번의 삶만 살 수 있습니다. 하지만 영화 속에서는 다르죠. 첫사랑의 설렘으로 가슴이 떨리기도 하고, 슈퍼히어로가 되어 도시를 구하기도 하고, 때론 시공간을 초월한 모험을 떠나기도 합니다. 1986년에 오픈해 2016년 폐관 때까지 수많은 관객을 꿈꾸게 했던 시부야의 미니 시어터, 시네마 라이즈의 카피입니다. ~んだ는 ~のだ의 구어적 표현으로 다양한 뜻을 내포합니다. 여기서는 무언가를 이해하거나 알게 됐을 때의 느낌을 전달합니다.

人生(じんせい) 인생 | 繰(く)り返(かえ)す 반복하다
映画(えいが) 영화 | 生(う)まれる 태어나다

Part 2

일상 日常

―――――⚘―――――

연애, 패션, 뷰티, 라이프스타일을 아우르는
현대인의 감성을 포착한 문장들을 확인해 보세요.

Part 2

No. 41 ~ No 80

원어 낭독과 함께 읽어보세요.

No.41

함께 쓴 우산
젖어 있는 쪽이 사랑에 빠진 사람

相合い傘
濡れてる方が惚れている

교토은행 TV 광고 (2014)

❖ ❖ ❖

비단 연인뿐 아니라, 가족이나 친구 등 아끼는 사람과 함께 우산을 쓰면 상대방이 젖지 말라고 우산을 기울여 주게 되죠. 날 위해 기꺼이 한쪽 어깨를 적시는 모습을 떠올리는 것만으로 마음이 따뜻해집니다. 相는 '서로', 合い는 '맞추다'는 뜻으로 相合い傘는 '함께 우산을 쓰는 일'을 의미하는 명사입니다. 傘를 단독으로 읽을 때는 かさ인데, 앞의 い에 이어 붙이며 がさ로 읽는 것에 주의해야 합니다. 두 번째 줄은 라임까지 맞춰져 있어서 한 편의 시처럼 아름답습니다.

相合(あいあ)い傘(がさ) 함께 우산을 쓰는 일 | 濡(ぬ)れる 젖다
方(ほう) 쪽, 방향, 방법 | 惚(ほ)れる 반하다

No.42

평소처럼 입는 날이
인생이 된다.

ふだん着の日が、
人生になる。

유니클로 포스터 (2021)

인생은 특별했던 순간들이 이어져 기억되는 것처럼 느껴집니다. 하지만 돌이켜보면 우리 삶의 대부분은 평범하게 보냈던 하루하루가 쌓여 있는 것이죠. 그런 특별하지 않지만, 소중한 일상을 함께 하는 브랜드이기에 할 수 있는 이야기가 아닐까요. 라이프웨어(LifeWear)라는 콘셉트로 심플하고 편안한 옷을 합리적인 가격에 제공하는 유니클로다운 카피입니다. ふだん着는 평상복을 말합니다. '평상복의 날(ふだん着の日)'을 '평소처럼 입는 날'로 옮기니 좀 더 자연스러워졌습니다.

日(ひ) 날 | 人生(じんせい) 인생 | ~になる ~가 되다

No.43

아침에 옷을 고르면서
오늘의 운세도 고르고 있다.

朝、服を選びながら、
今日の運勢を選んでる。

ROPÉ PICNIC 포스터 (2014)

ROPÉ PICNIC은 '인생은 피크닉'이 모토인 의루 브랜드입니다. 이 카피는 ~ながら(~면서)를 활용해 아침에 옷을 고르는 일상적인 순간을 하루의 운을 만드는 상황과 연결합니다. 이는 옷을 고르는 행위가 단순한 행동을 넘어 삶에 긍정적인 영향을 끼칠 수 있다는 메시지입니다. 단순히 옷을 만드는 것이 아니라, 입는 사람의 인생까지 함께 생각하는 회사라는 인상을 주네요.

朝(あさ) 아침 | 服(ふく) 옷 | 選(えら)ぶ 고르다 | ~ながら ~면서
今日(きょう) 오늘 | 運勢(うんせい) 운세

No.44

나에게는
나를 멋지게 만들 책임이 있다.

わたしには
わたしを素敵にする
責任がある。

LUMINE 포스터 2012)

일본의 대표적인 패션 쇼핑몰 체인인 LUMINE의 카피입니다. 20~30대 여성을 타깃으로 트랜디하면서도 스타일리시한 패션을 제안하는 브랜드답게 인상적인 메시지가 담긴 광고를 많이 만들었습니다. 이 카피에서도 타인의 시선을 의식하지 않는 자기 주도적인 패션관을 전달하고 있죠. わたし는 가장 일반적인 1인칭 대명사입니다. 주로 여성이 사용하지만, 남녀 모두 일상생활이나 격식있는 자리에서도 사용할 수 있습니다.

私(わたし) 나 | 素敵(すてき)だ 멋지다 | ~にする ~게 만들다
責任(せきにん) 책임

No.45

피부는 내가 보는 것보다
남이 보는 시간이 더 길다.

肌は、私が見るより、
誰かが見る時間のほうが長い。

NOV 포스터 (2014)

토키와약품공업(常盤薬品工業)에서 만든 기능성 화장품 브랜드 NOV의 카피입니다. 민감성 피부나 둔제성 피부를 위해, 저자극성 제품을 많이 만드는 브랜드이죠. 그러다 보니 타인의 시선에 민감할 수밖에 없는 타깃 소비자의 마음에 와닿는 인사이트를 카피로 활용했습니다. ~よりは ~보다'라는 뜻으로 비교 표현입니다. 앞뒤 문장의 비교를 통해 메시지를 부각하는 화법으로, 광고 카피에서도 자주 쓰입니다.

肌(はだ) 피부 | 私(わたし) 나 | 見(み)る 보다 | 誰(だれ)か 누군가
時間 (じかん) 시간 | ~のほうが ~하는 쪽이 | 長(なが)い 길다

No.46

그와는 헤어졌습니다.
그가 준 것과는 아직 헤어지지 못했습니다.

彼とは別れました。
彼がくれたものとは、
まだ別れられません。

LAZY SUSAN 포스터 (2001)

❖ ❖ ❖

중국 식당에서 볼 수 있는 회전식 테이블을 가리키는 Lazy Susan을 브랜드 네임으로 쓴 독특한 선물용품 브랜드입니다. 연인과의 이별 후에도 애착을 갖게 되는 선물에 대한 이야기로 타깃 소비자들에게 공감을 불러일으킵니다. 선물이 가지는 의미를 고려하여 가격이나 품질 같은 요소보다는 감성적인 접근을 택했습니다. 別(わか)れられる는 '헤어지다'는 뜻의 別れる의 가능형입니다. 부정형 ません 이 붙어 '헤어질 수 없다'는 뜻이 됩니다. 여기서는 '헤어지지 못했다'로 옮겼습니다.

彼(かれ) 그, 남자친구 | ~とは ~와는 | くれる 주다 | まだ 아직
別(わか)れられる 헤어질 수 있다[別(わか)れる의 가능형]

> No.47

다이어트에 제일 효과가 있는 것은
입고 싶은 옷입니다.

ダイエットに
いちばん効くのは、
着たい服です。

나라카미체 포스터 (2011)

❖ ❖ ❖

여성 패션 브랜드 나라카미체의 카피입니다. 입고 싶은 사이즈의 옷을 보면서 다이어트에 대한 동기 부여를 하기도 하는 타깃 소비자들에게 공감을 불러일으키는 문장이죠. 아울러 입고 싶은 매력적인 스타일의 브랜드라는 이미지도 강화하는 일석이조의 카피네요. 効く는 '효과가 있다'는 뜻입니다. 우리말도 약이 잘 '듣'는다고 하는데, 일본어에서도 한자만 다를 뿐 귀로 듣는다는 聞く, 聴く와 발음이 같은 것이 신기하네요.

ダイエット 다이어트 | 一番(いちばん) 제일 | 着(き)たい 입고 싶은 | 服(ふく) 옷

No.48

여성지의 분류에
나를 담을 수는 없습니다.

女性誌の分類に、
私はおさまりきりません。

카구레 홀리스틱 뷰티 프스터 (2014)

❖ ❖ ❖

특정한 프레임이나 스테레오 타입에 갇히지 않고 여성의 당당한 모습을 강조하는 메시지가 눈에 띕니다. 전통적인 여성관을 오래 유지하던 일본 사회도 여성의 독립성을 강조하는 방향으로 변화하고 있다는 것을 광고 카피를 통해서도 느낄 수 있습니다. 조금 어려운 형태의 문장이 나왔는데요. '갇히다', '수납되다'는 의미의 納まる에 '완전히', '철저히'라는 의미를 더해 주는 きる가 부정형으로 붙었습니다. 그래서 おさまりきりません은 '완전히 담기지 않는다'는 뜻으로 해석됩니다.

女性誌(じょせいし) 여성지 | 分類(ぶんるい) 분류 | 納(おさ)まる 담기다

No.49

닮은 점을 찾았는데
닮지 않은 점이 좋아진다.

似てるところを探して、
似てないところを好きになる。

오츠카 이온워터 포스터 (2020)

❖ ❖ ❖

보통은 공통점이 많은 사람과 어울리며 친해집니다. 그런데, 의외로 다른 점을 발견할 때 마음이 강하게 끌리는 경우가 있죠. 이는 사회생활에서도, 서로 사랑하는 관계에서도 마찬가지입니다. 이온워터는 포카리스웨트의 서브 브랜드인데, 청량감을 강조하는 포카리스웨트와는 광고나 카피의 톤이 좀 다르죠? 여기서 探して는 探す의 て형으로, 일반적으로는 '찾아서', '찾고' 등으로 해석됩니다. 여기서는 인생의 아이러니를 강조하기 위해 역접의 의미를 살려 '찾았는데'로 옮겼습니다.

似(に)る 닮다 | ところ 곳 | 探(さが)す 찾다
好(す)きになる 좋아하게 되다

No.50

옷을 사러 갈 옷이 없다

服を買いに行く
服がない

소고·세이부 백화점 포스터 (2008)

백화점의 세일 광고 카피인 이 문구는 시간이 지난 뒤에도 두고두고 회자되며, 재미있는 일본 광고 카피로 많은 자료에서 소개되고 있습니다. 이것은 유머러스한 역설적 상황일까요, 아니면 옷을 사야 하는 필연적 이유일까요? 아무리 옷이 많아도 입을 옷이 없다고 말하는 심리와 같은 것이겠죠? 결론은 우리 백화점 세일에 와서 옷을 골라 보라는 메시지. 여기서 ~に는 목적을 나타내는 표현으로 '~을 하러'라는 뜻입니다.

服(ふく) 옷 | 買(か)いに行(い)く 사러 가다 | ~がない ~이 없다

No.51

사랑에는 만나는 장소가 필요하다.
잊는 장소도 필요하다.

恋には
出会う場所がいる。
忘れる場所もいる。

산토리 포스터 (2021)

코로나 기간에 일본의 음식점들을 응원하기 위해 산토리가 전개한 '인생에는 음식점이 필요하다' 캠페인의 카피 중 하나입니다. 음식점이 그저 음식을 먹고 술을 마시는 곳이 아니라, 인생의 중요한 순간들이 이뤄지는 특별한 장소임을 이야기해 주는 거죠. 사랑과 이별도 마찬가지일 거예요. 이 문장 속의 いる는 '있다'는 뜻이 아니라 '필요하다'의 いる(要る)입니다. 장소는 생명체가 아니기에 '있다'는 뜻으로 쓰려면 ある를 써야 합니다.

恋(こい) 연애, 사랑 | 出会(であ)う 만나다 | 場所(ばしょ) 장소
要(い)る 필요하다 | 忘(わす)れる 잊다

고백에 필요한 것은
용기 같은 것보다 술이다.

告白に必要なのは、
勇気なんかより酒だ。

이자카야 홋코리 포스터 (2008)

이자카야의 카피답게 술의 효용을 유머러스하게 표현하고 있습니다. 누구라도 저마다의 드라마를 떠올리며 미소 지을 수 있는 이야기죠. 세상에 얼마나 많은 고백들이 알코올의 힘을 빌려 이뤄졌을까요? 문장 속의 なんか는 독립적으로 사용하면 '무언가' 같은 뜻으로 쓰이지만, 명사 뒤에 붙으면 '~같은 것', '~따위' 등 가볍게 취급하는 뉘앙스를 전해 주게 됩니다.

告白(こくはく) 고백 | 必要(ひつよう)だ 필요하다 | 勇気(ゆうき) 용기
~より ~보다 | 酒(さけ) 술

No.53

당신이 떠올리는 나는
어떤 옷을 입고 있을까.

あなたが思い出すわたしは、どんな服を着てるのだろう。

LUMINE 포스터 (2011)

사람의 인상을 만드는 여러 요인 중 하나가 패션이죠. 태도, 말투, 행동 못지않게 뇌리에 깊이 남습니다. 상대방이 평소 잘 입는 패션 코드가 그 사람 특유의 이미지가 되기도 합니다. 다른 사람들은 어떤 옷을 입고 있는 내 모습을 떠올릴까 자못 궁금해집니다. 着てる는 着ている(입고 있다)의 축약형으로, 일상 대화에서는 ている를 てる로 줄여 말하는 경우가 많습니다. 친근한 어조로 말하는 느낌을 주기 위해 광고 카피에서도 자주 활용합니다.

あなた 당신 | 思(おも)い出(だ)す 생각해 내다 | どんな 어떠한
服(ふく) 옷 | 着(き)る 입다 | ~だろう ~이겠지

No.54

당신이 모르는
나도 나.

あなたの知らない
わたしも、わたし。

나가세산업 신문 광고 (2019)

화학 전문 무역 기업의 광고입니다. '화학'이라고 하면 딱 딱하고 어려운 중공업을 떠올리겠지만, 실은 화장품부터 자동차, 컴퓨터, 의류, 식품까지 우리 삶의 모든 곳과 관련되어 있죠. 우리가 잘 몰랐던 수많은 모습을 하고 있는 것은 비단 화학계 기업만이 아닙니다. 우리 모두는 타인들이 미처 알지 못했던 무수한 얼굴과 자아를 가지고 있죠. 그건 내가 이상한 것도, 변한 것도, 변덕을 부리는 것도 아닌, 모두 내 진정한 모습 중 하나입니다.

あなた 당신 | 知(し)る 알다 | 私(わたし) 나 | ~も ~도

No.55

내 나이는
내가 살아온 증거입니다.

私の年齢は、
私の生きてきた証です。

카구레 홀리스틱 뷰티 포스터 (2014)

비정상적으로 젊음에 집착하는 시대입니다. 그래서인지, 비싼 돈과 귀한 시간을 쓰며 나이보다 어려 보이는 것에 연연하지 않고, 자신이 살아온 세월에 걸맞는 자연스러운 아름다움을 지닌 사람들이 더 멋있어 보입니다. 진정한 안티에이징은 나이를 부정하는 것이 아니라, 받아들이는 것에서 시작하는 것일지도 모르겠습니다.

年齢(ねんれい) 나이 | 生(い)きてきた 살아왔다 | 証(あかし) 증거

No.56

사랑은 예고 없이 찾아온다.

愛は
無断でやってくる。

이세탄 백화점 포스터 (1989)

❖ ❖ ❖

오라면 안 오고, 오지 말라면 제멋대로 찾아오는 사랑처럼, 예측할 수 없는 설렘과 즐거움을 백화점 쇼핑에 빗대어 표현했습니다. 단순히 물건을 사는 것이 아닌, 쇼핑을 준비하는 순간부터 귀가할 때까지의 모든 과정이 특별한 경험이 된다는 거죠. 無断은 한국어 발음과 똑같이, '무단'입니다. 無断으로 '무단으로', '허락 없이'라는 뜻인데 여기서는 '예고 없이'로 옮겼습니다.

愛(あい) 사랑 | 無断(むだん) 무단 | やってくる 찾아오다

No. 57

고인의 입버릇은
'내일부터 다이어트'였습니다.

故人の口グセは、
「明日からダイエット」でした。

아틀라스 포스터 (2010)

방학 숙제, 금주, 금연과 함께 대표적인 '내일 시작 아이템' 중 하나인 다이어트. 미루지 말고 바로 시작하라는 수많은 이야기 중에 이토록 유머러스하면서도 강력한 메시지를 본 기억이 없습니다. 한 스포츠 센터의 카피인데요, 시설의 장점이나 서비스를 말하는 대신에 던진 뼈 때리는 충격 요법이 고객들의 머릿속에 오래 남았을 것 같네요. 口는 '입', くせ는 '버릇'이라는 뜻입니다. 두 단어가 결합하면서 뒤에 오는 く가 부드럽게 ぐ로 바뀌는 점에 유의해야 합니다.

故人(こじん) 고인 | 口癖(くちぐせ) 입버릇 | 明日(あした) 내일
ダイエット 다이어트

No.58

몸으로부터,
마음으로부터,
피부가 된다.

からだから、
こころから、
はだになる。

시세이도 뷰티 웰니스 TV 광고 (2024)

화장품 기업 시세이도가 이너뷰티 브랜드를 런칭하면서 만든 브랜드 메시지 광고 카피입니다. 진정한 피부의 아름다움은 피부 자체가 아니라, 몸과 마음의 좋은 상태로부터 시작한다는 메시지를 전합니다. 아주 단순하면서도 담백한 카피가 오히려 임팩트 있게 울림을 줍니다. ~から는 이유, 출처 등을 포괄하는 조사입니다. 여기서는 출발점이나 원인을 나타냅니다.

体(からだ) 몸, 육체 | ~から ~부터 | 心(こころ) 마음, 생각
肌(はだ) 피부, 표면 | ~になる ~가 되다

No.59

나이는 피부로 나타난다.
더 알기 쉽게는 걸음걸이로 나타난다.

年齢は、肌に出る。
もっとわかりやすく
歩き方に出る。

아이링크케어 판촉물 (2017)

노화의 대표적인 상징은 주름살일 겁니다. 그러나 세월은 주름으로만 오지 않습니다. 예전 같지 않은 무릎, 아파져 오는 허리, 피부의 상태, 걸음걸이…. 생각해 보면 진짜 안티에이징은 전반적인 건강을 챙기는 일이란 뜻이 됩니다. 피부 관리실보다는 필라테스 교실에 가는 편이 더 도움이 될지 모릅니다. やすい는 한자에 따라 '싸다(安い)' 또는 '쉽다(易い)'는 뜻입니다. '쉽다'는 뜻으로 쓰일 때 동사와 결합하면 ~하기 쉽다가 됩니다.

年齢(ねんれい) 연령 | 肌(はだ) 피부 | 出(で)る 나가다, 나오다
もっと 더욱 | わかりやすい 알기 쉽다 | 歩(ある)き方(かた) 걸음걸이

No.60

여름은
스무 살에 멈춰 서 있다.

夏は
ハタチで止まっている。

트로피컬 산토리 TV 광고 (1983)

많은 예술 작품과 광고에서 여름은 싱그러운 청춘과 젊음의 열정과 그 시절 추억을 상징합니다. 이 카피는 영원히 그 시절에 머무르고 싶은 아련한 그리움을 자극합니다. 광고의 원안은 '여름은 열아홉 살에 멈춰 서 있다'였다고 합니다. 그런데 열대 과일 맛 칵테일도 술인지라, 광고주가 음주가 가능한 나이 '스무 살'로 바꿔 달라고 했다네요. はたち는 스무 살이라는 뜻의 일본 고유어입니다. 보통은 히라가나로 쓰는데, 이 카피에서는 스무 살을 강조하기 위해 가타카나로 표기했습니다.

夏(なつ) 여름 | はたち 스무 살 | 止(と)まる 멈추다

No. 61

무능한 상사도 유능한 남자로 보이게 만든다.
유감스럽지만 안경의 죄 중 하나입니다.

無能な上司も、
できる男に見せてしまう。
残念ですが、
メガネの罪のひとつです。

치토세 안경 포스터 (2010)

안경의 효과를 유머러스하게 표현한 광고 카피입니다. 그런데 과장처럼 느껴지진 않습니다. 안경 하나 썼을 뿐인데, 평범한 얼굴이 갑자기 지적으로 보일 때가 있죠. 반대로 국민 MC 유재석 씨 같은 경우는 멀쩡해 보이던 얼굴이 안경을 벗으면 갑자기 우스꽝스러워지기도 하고요. 긍정적인 효과를 부정적인 뉘앙스로 표현하여 반전의 재미를 준 카피입니다. できる는 '할 수 있다'는 가능형 표현인데요, 공부를 잘하거나 일을 잘한다고 할 때도 사용할 수 있습니다.

無能(むのう)だ 무능하다 | 上司(じょうし) 상사
できる 할 수 있다, 유능하다 | 男(おとこ) 남자 | 見(み)せる 보이다
残念(ざんねん) 유감 | めがね 안경 | 罪(つみ) 죄 | 一(ひと)つ 하나

No.62

추억을 정리한다.
그 시간도 추억이 된다.

思い出を、整理する。
その時間も、思い出になる。

LOFT 포스터 (2017)

추억을 정리한다는 것은 물건을 버리거나 수납공간을 옮기는 일에 그치지 않습니다. 과거를 돌아보고, 현재와의 관계를 정리하는 것입니다. 사실은 사람에 대한 감정과 관계를 정리하는 일이죠. 이 카피는 LOFT가 물건을 파는 잡화 전문 체인점이 아니라, 추억과 관계를 만드는 공간으로 마음에 남게 합니다. 思い出는 '추억'이란 뜻입니다. 생각(思い)이 나오는(出) 것을 추억이라고 이름 붙인 것이 재미있네요. 일부러 노력하지 않아도 추억이란 그냥 나와 버리니까요.

思(おも)い出(で) 추억 | 整理(せいり) 정리 | 時間(じかん) 시간
~になる ~가 되다

No.63

망설인다. 고민한다. 빼앗긴다.
바겐세일은 청춘이다.

迷う。悩む。奪われる。
バーゲンは青春だ。

소고 세이부 백화점 포스터 (2010)

백화점의 바겐세일을 청춘으로 비유한 재치 있는 카피입니다. 살까 말까 망설이는 시간도 있고, 어느 것을 사야 할지 고민하는 시간도 있습니다. 그러다 보면 사지 못하고 다른 이에게 빼앗기는 일도 생기죠. 쇼핑은 청춘과 같고, 또한 인생과도 같은 것이었네요. 바겐세일은 バーゲンセール라고 하는데, バーゲン으로 줄여서 말하기도 합니다.

迷(まよ)う 망설이다, 헤매다 | 悩(なや)む 고민하다
奪(うば)われる 빼앗기다[奪う의 수동형] | 青春(せいしゅん) 청춘

No.64

리스크는 대개
달콤한 얼굴로 찾아온다.

リスクはだいたい、
甘い顔してやってくる。

스미토모생명보험 (2015)

❖ ❖ ❖

위험의 본질을 보험 회사다운 비유로 표현한 카피입니다. 예쁘고 유혹적인 색깔의 꽃이나 버섯에 독이 있는 것처럼, 리스크란 녀석도 언제나 달콤한 약속을 내밀며 찾아옵니다. 흔히 '대박'이라고 부르는 높은 기대감의 이면에는 그만큼 깊은 리스크가 숨겨져 있곤 하죠. 甘い는 '달다'는 뜻 외에도 '무르다', '후하다', '만만하다' 등 다양한 의미로 일상생활에서 쓰이기 때문에 폭넓게 알아 두면 좋습니다.

リスク 리스크, 위험 | だいたい 대개 | 甘(あま)い 달다 | 顔(かお) 얼굴
やってくる 다가오다

No.65

당신의 작은 상처를 알아채 준 사람은
당신을 분명 좋아하는 거야.

小さなキズに気づいてくれた人は、
あなたのことをきっと好きだ。

오로나민 H 연고 포스터(2009)

상처를 치료해 주는 연고 제품의 광고 카피입니다. 나에게 관심을 갖고 작은 아픔까지 알아채 주는 사람의 마음처럼, 상처를 감싸고 치료해 준다는 이야기겠죠? 어떤 대단한 성분이 들었다는 정보보다 몸에 좋을 것 같은 느낌입니다. 気づく는 '깨닫다', '알아차리다', '생각나다' 등의 뜻을 가진 동사입니다. 気づく 앞에 오는 조사가 を가 아니라 に인 것에 주의해야 합니다.

小(ちい)さな 작은 | きず 상처, 흉터 | 気(き)づく 알아차리다
~てくれる ~해 주다 | きっと 분명히, 꼭 | 好(す)きだ 좋아하다

No.66

멋을 낸다는 건, 스스로 확실히
자신을 지켜보고 있는 것.

おしゃれとは、自分でしっかり、
自分を見はっていること。

시세이도 TV 광고 (1984)

80년대 초반은 일본도 여성의 사회 진출이 활발해지던 시기입니다. 자기 주도적이며 독립적인 도시적 여성상이 주목받기 시작했습니다. 이 광고는 유행을 맹목적으로 따르거나 남들의 시선을 의식하지 말고, 자기다움을 지키는 것이 진짜 멋이라고 말합니다. 40여 년이 지난 지금도 유효한 조언인 듯하네요. おしゃれ는 '멋내기' 혹은 '멋쟁이'를 가리키는 말입니다. 좁게는 옷, 화장, 헤어스타일을 꾸미는 일을 말하지만, 생활 방식과 취향, 태도를 포함하는 넓은 의미로도 사용됩니다.

おしゃれ 멋내기, 멋쟁이 | 自分(じぶん)で 스스로 | しっかり 확실히
自分(じぶん) 자기, 자신 | 見張(みは)る (눈을) 크게 뜨다, 망보다

No.67

싸지는 것은 옷이 아니다.
가격이다.

安くなるのは服じゃない。
ねだんだ。

밀레니엄 리테일링 포스터 (2007)

백화점 세일을 알리는 이 카피는 가격과 가치에 대한 새로운 시각을 전해 줍니다. 흔히 '옷이 싸진다'고 표현을 하지만 실제로 '옷의 가격이 낮아지는 것'일 뿐 옷의 품질이 낮아지는 것은 아니죠. 재미있는 말장난 속에 판매하는 상품에 대한 자신감까지 간결하고 힘 있게 전달하고 있네요. ~じゃない는 ~ではない의 구어체 표현으로 일상적인 대화에서 사용합니다.

安(やす)い 싸다 | 服(ふく) 옷 | ~じゃない ~가 아니다
値段(ねだん) 가격

No. 68

모르는 사이에 어른이 되어 있었어.
나도, 피부도.

知らないうちに大人になってる。
私も、肌も。

파나소닉 뷰티 OOH (2014)

❖ ❖ ❖

어른이 된다는 것이 늘 좋은 의미만은 아니죠. 특히 피부에 관한 이야기라면 더욱 그렇습니다. 이 카피는 성인이라면 누구라도 공감할 만한 문장인데요. 때로는 거창한 성능과 효능보다는, 공감가는 한마디가 브랜드의 이야기에 더 귀 기울이게 만들죠. うち는 기본적으로 안(內)이라는 뜻을 가지고 있습니다. 그 외에도 '사이', '집', '우리' 등 다양한 의미가 있는데, ~うちに는 '~하는 동안에'라는 뜻으로 시간이나 기회의 뉘앙스를 갖습니다.

知(し)らない 모르다 | ~うちに ~하는 동안에 | 大人(おとな) 어른
私(わたし) 나 | ~も ~도 | 肌(はだ) 피부

No.69

좋아한다는 것이야말로
최고의 패션이다.

好きこそ、
最高のファッションだ。

도쿄모드학원 TV 광고 (2024)

개성이 넘치는 패션 전문 학원으로 유명한 도쿄모드학원(東京モード学園)의 TV 광고 카피입니다. 화려하게 꾸미는 게 멋있어 보이는 것이 아니라, 결국 진정성과 열정에 패션의 본질이 있다고 말해 줍니다. 좋아하는 것에 자신의 모든 것을 쏟아 내어 제대로 된 결과물을 만들어 내는 것은, 비단 패션만의 문제는 아니겠죠. 어떤가요. 지금 정말 좋아하는 일을 하고 계신가요? ~こそ는 '~야말로'라는 뜻으로 말하는 대상을 강조할 때 쓰는 조사입니다.

好(す)き 좋아함 | ~こそ ~야말로 | 最高(さいこう) 최고
ファッション 패션

No.70

사랑을 하고 있지 않을 때도
두근거림은 느끼고 싶어.

恋をしてない時だって、
ドキドキはしていたいの。

슈에이샤 오렌지문고 도스터 (2014)

일본을 대표하는 출판 기업 슈이이샤(集英社)가 라이트 노벨 시리즈를 런칭하면서 낸 광고 카피입니다. 로맨스 소설을 좋아하는 독자들이 공감할 만한 한마디가 카피에 담겨 있습니다. 지금 곁에 연인이 없어도, 책장만 펼치면 두근두근 설레는 이야기를 전해 주는 책이 있으니 외롭지만은 않겠지요. 아, 더 외로울까요? 일본어에는 흔히 오노마토페(オノマトペ)라고 부르는 의성어, 의태어가 발달해 있는데요. '두근두근', '긴장'을 나타내는 의태어 ドキドキ는 일상생활이나 노래 가사 등에서도 자주 쓰입니다.

恋(こい) 연애, 사랑 | 時(とき) 때 | ~だって ~라도 | ドキドキ 두근두근

No.71

결혼하지 않아도 행복할 수 있는 이 시대에 나는
당신과 결혼하고 싶습니다.

結婚しなくても
幸せになれるこの時代に私は、
あなたと結婚したいのです。

젝시 TV 광고 (2017)

❖ ❖ ❖ ❖

'해야만 하니까', '때가 됐으니까', '남들이 다 하니까'… 이 제 이런 이유로 결혼하는 시대는 지났습니다. 비혼을 선택하는 것도 자연스러워진 요즘이기에, 오히려 '결혼하고 싶다'는 말은 더욱 순수하고, 로맨틱하게 느껴질 수도 있나 봅니다. 결혼 정보 회사 젝시의 이 광고 카피는 광고 전문 잡지 〈브레인〉이 선정한 2017년 그랑프리를 차지하며 많은 사람들의 사랑을 받았습니다. ~のです는 문장 끝에 붙어 화자의 강한 의지나 결심을 나타내는 종조사입니다. 프러포즈 받은 분이 설레겠는데요.

結婚(けっこん) 결혼 | 幸(しあわ)せ 행복 | 時代(じだい) 시대
私(わたし) 나 | あなた 당신 | ~したい ~하고 싶다

No.72

매일 아침, 무엇을 입을지 고민하는 건
옷이 많아서가 아니라, 옷이 적기 때문입니다.

毎朝、何を着るか悩むのは、
服がたくさんあるからではなく、
服がたくさんないからです。

PARCO 포스터 (2011)

옷을 살 때 망설이게 되는 이유 중 하나는 옷장에 가득 찬 옷들입니다. 복합 쇼핑몰 PARCO의 카피는 이미 산 옷 때문에 쇼핑을 망설이는 소비자들에게 죄책감을 덜어 줍니다. 문제는 옷이 적은 것이지, 고민하는 당신이 아니라고. 당신에게는 옷이 더 필요하다고. たくさんある(많이 있다)와 たくさんない(많이 없다)의 대비가 문장을 재미있게 만들어 주는 흥미로운 카피입니다.

毎朝(まいあさ) 매일 아침 | 何(なに) 무엇 | 悩(なや)む 고민하다
服(ふく) 옷 | たくさん 많이

No.73

기다리는 것도 연애다.

待つことも、恋愛だ。

일본우정그룹 포스터 (2011)

'새벽 배송', '실시간 업데이트', '즉시 답장'…. 모든 것이 빨라진 시대입니다. 기다림이 점점 '잘못'이나 '오류'로 받아들여지는 건 아닌지 모르겠습니다. 편지를 주고받으며 사랑의 감정을 나누던 세상은 머지않아 역사책에서나 만나게 될까요? 恋愛(연애)는 '사랑'을 뜻하는 한자 恋과 愛로 이루어진 단어입니다. 恋는 순수하고 로맨틱한 사랑의 감정을 말하며, 단독으로 쓰일 때는 こい라고 읽습니다. 愛는 恋보다 깊고 성숙한 사랑을 의미하며 연인 간의 감정을 넘어 더 포괄적인 의미를 가집니다.

待(ま)つ 기다리다 | こと 것 | ~も ~도 | 恋愛(れんあい) 사랑, 연애

No.74

빈티지란, 오래되어도
소중히 입고 싶은 옷을 말한다.

古着とは、古くなっても
大切に着たい服のこと。

틴판알레이 포스터《2010》

❖ ❖ ❖

오랜 세월이 만들어 낸 독특한 빛깔과 질감을 가진 옷. 누군가의 인생을 함께하며 특별한 이야기를 품은 단 하나의 옷. 그래서 빈티지 의류는 단순한 중고 옷이 아닌, 시간이 선물한 특별한 패션이 됩니다. 이 카피에서는 광고 의류를 판매하는 회사가 자신의 상품에 가치를 부여하는 영리하면서도 따뜻한 시선을 엿볼 수 있습니다. 古着는 '헌 옷', '중고 옷', '빈티지 옷'을 모두 의미할 수 있습니다. 문맥에 따라서 뉘앙스가 달라지는데, 이 경우는 '빈티지'로 해석하는 게 적절해 보입니다.

古着(ふるぎ) 중고 옷, 빈티지 옷 | 古(ふる)い 오래된
大切(たいせつ)だ 소중하다 | 着(き)る 입다 | 服(ふく) 옷

No.75

당신에게 요리해 주고 싶어서 결혼했다.
지금은 그 사람이 해 주고 있다.

あなたにつくってあげたい、と結婚した。いまは、その人がつくってくれる。

야마사간장 포스터 (2013)

사랑의 무게는 거창한 말에 있지 않습니다. 간장 회사가 포착한 이 작은 행복이, 사랑의 본질을 말해 주는 것 같습니다. 간장 구매보다 결혼 욕구를 더 자극하는 것 같지 않나요? あげる는 '내가 누군가에게 (해) 주다', くれる는 '누군가가 나에게 (해) 주다'라는 뜻입니다. 문법책에서 볼 때는 몰랐는데, 소소한 삶의 한 장면에서 주는 사람과 받는 사람이 뒤바뀐 문장으로 만나니 이렇게 달달할 수가 없네요.

つくる 만들다 | ~してあげたい ~해 주고 싶다 | 結婚(けっこん) 결혼
今(いま) 지금 | ~してくれる ~해 주다

No.76

매력적인 단점이 하나 있다면
사랑받을 수밖에 없어.

魅力的な欠点がひとつあれば どうしようもなく愛される。

LUMINE 옥외 광고 (2013)

처음에 눈길을 끄는 건 멋있는 모습일지 모르지만, 결국 마음을 흔드는 것은 인간적이고 매력적인 단점인 경우가 많습니다. 우리는 서로 약점을 채워주면서 유대감을 쌓고, 사랑을 하게 되는 존재이죠. 자신의 단점에 지나치게 연연하며 숨기려고 너무 노력할 필요는 없는 것 같습니다. どうしようもなく는 '속절없이', '더이없이', '꼼짝없이' 등의 의미로 쓰이는 부사구인데요, 여기에서는 '~일 수밖에 없다'로 의역했습니다.

魅力的(みりょくてき) 매력적 | 欠点(けってん) 결점 | 一(ひと)つ 하나
愛(あい)される 사랑받다

No.77

첫 키스의 그 사람은
아직 독신이었다.

初めてのキスの相手は、まだ独身だった。

미쓰비시자동차 TV 광고 (2002)

동창회에서 우연히 마주친 첫사랑의 모습. 시간은 흘렀지만 여전히 혼자라는 그 한마디에 가슴에 작은 파문이 입니다. 미쓰비시자동차가 2002년에 공개한 Heart-Beat Motor 캠페인 중 한 편에 담긴 이야기입니다. 아무렇지도 않게 이야기를 나누는 두 사람의 눈빛이 흔들리고 있는 것은 저만 발견한 것이 아니겠죠? まだ는 '아직'이란 뜻의 부사입니다. 시간이 흘렀음에도 변함없는 상태를 나타내는 이 말이 이런 상황에 쓰이니 깊은 여운을 만들어 내네요.

初(はじ)めての 첫 | 相手(あいて) 상대 | まだ 아직 | 独身(どくしん) 독신

No.78

어제는
몇 시간 살아 있었습니까?

昨日は
何時間生きていましたか?

PARCO 포스터 (1986)

24시간이라고요? 정말 그랬을까요? 누군가에겐 책 한 권에 빠져든 시간이, 다른 이에겐 사랑하는 이와 보낸 순간이, 또 다른 누군가에겐 진정한 자신을 표현하는 찰나가 진정한 '살아 있음'일지도 모릅니다. 습관처럼 무심코 흘려보낸 순간들을 빼고 나면, 우리가 정말 살아 있던 시간은 얼마나 될까요. 昨日는 '어제'를 뜻합니다. 일상적인 구어체 표현으로 きのう라고 읽는데, 격식 있는 문어체 표현이나 뉴스 등에서는 さくじつ라고 읽습니다. 좀 딱딱한 뉘앙스죠.

昨日(きのう) 어제 | 何時間(なんじかん) 몇 시간 | 生(い)きる 살다

No.79

아직 젊으니까 괜찮아.
그 '아직'은 언제까지일까?

若いからまだ大丈夫。
その「まだ」っていつまでだろ?

파나소닉 뷰티 포스터 (2014)

❖ ❖ ❖

공부, 운동, 독서, 취미, 자기 계발…. '아직'이란 말의 유효 기간은 어디까지일까요? 지금도 '아직'을 방패 삼아 편안한 자리에서 맴돌고 있지 않은지 되돌아보게 됩니다. 오늘의 느슨함을 정당화해 주는 '아직'이, 어느 날 문득 '이미'가 되어 있진 않을까요? 뷰티 제품 광고가 던지는 이 날카로운 질문이 우리의 익숙한 변명을 흔들어 놓습니다. 若い는 '젊다'는 뜻입니다. ~だろ는 의문과 고민을 나타내는 종조사로, 스스로에게 던지는 질문의 뉘앙스를 만듭니다.

若(わか)い 젊다 | まだ 아직 | 大丈夫(だいじょうぶ) 괜찮다
いつまで 언제까지

No.80

실패는 도전했다는 증거.
모두 다 나의 보물이야.

失敗は挑戦した証。
全部私の宝物よ。

맥도날드 TV 광고 (2024)

❖ ❖ ❖

실수와 실패를 두려워하면 아무것도 시작할 수 없습니다. 큰 성공만을 동경하는 세상에 진짜 필요한 것은 실패를 도전의 증거로 칭찬하는 문화 아닐까요? 이 카피는 맥도날드 TV 광고에서 헬로키티가 한 대사입니다. 귀여운 말투지만, 결코 가볍지 않은 무게를 느낄 수 있습니다. 証는 '증거', '증명'을 의미하는 한자입니다. 단독으로 있을 때는 あかし라고 읽고, 証拠(증거)처럼 두 글자 이상 단어 속에 들어가면 しょうこ라고 읽습니다.

失敗(しっぱい) 실패 | 挑戦(ちょうせん) 도전 | 証(あかし) 증거
全部(ぜんぶ) 전부 | 私(わたし) 나 | 宝物(たからもの) 보물

Part 3

꿈 夢

―――― ✄ ――――

꿈을 향한 여정에서 마주친
깨달음을 담은 카피들을 전합니다.

Part 3

No. 81 ~ No. 120

원어 낭독과 함께 읽어보세요.

작심삼일? 대단한걸!
3일이나 계속 하다니!

3日坊主? すごいよ!
3日も続けられて!

유키지루시유업 옥외광고 (2022)

❖ ❖ ❖

유키지루시유업의 커피 우유 브랜드인 유키코(雪コ)가 펼친 '나에게 달콤하게' 캠페인 중 한 카피입니다. 새해 다짐이 또 작심삼일이 되어 버려도, 3일이나 했으니 대단하다며 스스로를 격려하는 귀여운 모습이 그려집니다. 坊主는 스님을 말합니다. 충동적으로 출가한 사람은 3일을 버티지 못하고 절을 뛰쳐나간다는 뜻으로 3日坊主(3일 스님)이란 말이 생겼다고 하네요.

3日坊主(みっかぼうず) 작심삼일 | すごい 대단하다
続(つづ)けられる 계속할 수 있다[続く의 가능형]

No.82

인간에게는 손끝이라는
최첨단 기술이 있다.

人間には、指先という
最先端技術がある。

FLANDRE 신문 광고 (2008)

❖ ❖ ❖

아무리 최첨단 기술이 세상을 쉼신없이 미래로 이끌고 가는 세상이지만, 인간이 가진 정성 어린 손끝의 힘도 필요한 법이죠. 여성복 전문 패션 브랜드인 FLANDRE의 카피가 세상에 나온 것은 십여 년 전이지만, 오히려 지금 시대에 더 마음에 와닿습니다. 우리가 자주 쓰는 첨단 기술(尖端技術)이란 단어를 일본에서는 '뾰족할 첨(尖)'자 대신 '먼저 선(先)' 자를 써서 先端技術이라고 하는 게 눈에 띕니다.

人間(にんげん) 인간 | 指先(ゆびさき 손끝) | ~という ~라고 하는
最先端技術(さいせんたんぎじゅつ) 최첨단 기술

No.83

어떤 절망에도
반드시 빈틈은 있다.

どんな絶望にも、
必ず隙はある。

JT Roots 포스터 (2011)

'하늘이 무너져도 솟아날 구멍이 있다'는 속담의 캔커피 광고 버전이네요. 이 카피가 들어 있는 포스터에는 어두운 표정의 한 남자가 등장합니다. 말하기 힘든 고민이 있어 보이는 그는 JT의 캔커피 브랜드 Roots의 커피를 마시며 잠시 숨을 돌립니다. 아무리 절망적인 상황이라도 해결할 방법은 생기기 마련이죠. 해결책이 안 보이고 힘들 때일수록 여유가 필요한 걸지도 모릅니다. どんな ~にも는 '어떤 ~에도'라는 뜻으로, 뒤 문장을 강하게 강조하는 역할을 합니다.

どんな 어떤 | 絶望(ぜつぼう) 절망 | 必(かなら)ず 반드시 | 隙(すき) 틈

No.84

나다운 게 뭔지 몰라서
나답지 않은 일에 도전해 봅니다.

自分らしさなんて
わからないので、
自分らしくないことに
挑戦してみます。

리쿠르트 북커버 (2006)

리쿠르트는 단순히 취업 정보를 제공하는 업체가 아닙니다. 취업을 원하는 젊은 세대 개개인의 성장과 발전을 지원하는 브랜드로서 좋은 카피들을 많이 발표했습니다. 급여와 조건에 목매지 말고, 평소의 자신이 생각지 못했던 도전을 통해, 진짜 자신다움을 발견하라고 조언합니다. 自分らしさ는 '자기다움'을 의미합니다. 원래 ~らしい는 '~인 것 같다'는 뜻인데, 대명사, 인칭대명사, 고유명사와 붙어서 'OO답다'는 의미로 쓰입니다. 광고 카피나 노래 가사, 드라마 대사 등에서도 자주 발견됩니다.

~なんて ~따위 | わからない 모르다 | ~ので ~이기 때문에
挑戦(ちょうせん) 도전 | ~してみる ~해 보다

No.85

어떤 대스타도
모두 시작은 아마추어였다.

どんな大スターだって、
みんな始めはアマチュアだった。

소니 포스터 (1979)

조용필, 이문세, 아이유, BTS 같은 대스타들에게도 아마추어 시절이 있었습니다. 어느 날 갑자기 스타로 시작하는 아티스트는 없죠. 연예인이나 스포츠 스타만의 이야기가 아닐 겁니다. 세상의 모든 영역에서 최고의 위치가 된 사람들 모두에게 해당되는 것이겠죠? 첫 줄 문장의 끝에 나오는 ~って는 회화체에서 '~라는 것은'이라는 뜻으로 많이 사용됩니다. 자연스러운 해석을 위해 '~도'로 옮겼습니다.

どんな 어떠한 | 大(だい)スター 대스타 | みんな 모두
始(はじ)め 시작 | アマチュア 아마추어

시간은 당신이 새기는 것.

時はあなたが刻む。

세이코 홀딩스 신문 광고 (2021)

일본의 대표적인 시계 브랜드 세이코의 광고 카피입니다. 개인의 시간에 담긴 고유한 경험과 가치를 공감 가는 화법으로 전달하고 있습니다. 그럼으로써 세이코의 시계가 시간 측정의 도구를 넘어 사람들의 인생을 함께 만들어 가는 의미가 있음을 묵직하게 드러냅니다. 여기서 時間이라는 단어 대신 時(とき)를 쓴 것이 인상적입니다. 시간은 시계로 측정 가능한 시간의 의미인 데 반해, 時는 더 광범위하고 추상적으로 인생과 역사의 흐름을 나타내기도 하니까요.

時(とき) 시간, 때 | あなた 당신 | 刻(きざ)む 새기다, 썰다, 조각하다

No.87

포기하지 않는 사람만이
갈 수 있는 미래가 있다.

あきらめない人だけが、
行ける未来がある。

카와이학원 브로슈어 (2020)

일본의 대형 입시 학원들은 수준 높은 광고를 많이 발표하는 것으로 유명합니다. 특히 카와이학원(河合塾)의 많은 광고 캠페인은 카피 연감에 등재되는 등 작품성도 인정받고 있죠. 이 카피도 단순하면서도 인사이트 있는 문구로 수험생들뿐 아니라 읽는 이들의 가슴에 용기를 심어줍니다. 일본의 광고 카피나 가사에는 あきらめない(포기하지 않다)라는 표현이 자주 등장합니다. 끝까지 최선을 다하는 자세에 대한 존중이 드러나는 대목입니다.

諦(あきら)める 포기하다 | ~だけ ~만
行(い)ける 갈 수 있다[行く의 가능형] | 未来(みらい) 미래

꿈은
그냥 어쩌다 이루어지는 게 아니다.

夢は、
なんとなく かなったりしない。

세이코 엡손 포스터 (2017)

세상에 단순히 꿈꾸는 것만으로 이루어지는 일은 없습니다. 끊임없는 노력으로 꿈을 이루어 가는 과정이 진짜 중요한 겁니다. 이토록 간결한 메시지에 담겨 있으니, 기업의 철학이 더욱 단단하게 느껴집니다. なんとなく는 '어쩐지', '아무 생각 없이', '무심코' 등으로 해석되는 부사입니다. 한자로는 何と無く로 씁니다. '아무것도(何) 없다(無)'는 의미가 그대로 보이죠.

夢(ゆめ) 꿈 | なんとなく 무심코 | 叶(かな)う 이루어지다 | ~たり ~거나

구름은 바람의 방향으로만 흘러간다.
사람은 그렇지 않다.

雲は風の向きにだけ進む。
人はそうではない。

JT Roots 포스터(2011)

인간은 주어진 조건에 순응할 수밖에 없는 자연의 일부분이기도 하지만, 자신의 의지로 방향을 선택할 수 있는 존재이기도 합니다. 그런 소비자들을 응원하는 진취적인 브랜드로서 포지셔닝하는 카피이죠. 대비되는 내용의 두 문장을 담담하게 나란히 배치하여, 대조를 극대화했네요. 카피 속 向きと는 '향하다'는 의미의 동사 向く의 명사형으로 '방향'을 뜻합니다.

雲(くも) 구름 | 風(かぜ) 바람 | ~だけ ~만 | 進(すす)む 나아가다, 진행하다
人(ひと) 사람 | そうではない 그렇지 않다

No.90

인생에는 지도도 내비도 없어.
그래서 꿈이 필요한 거야.

人生には地図もナビもない。
だから、夢が必要だ。

간포생명 인쇄 광고 (2016)

간포생명(かんぽ生命)이 오랫동안 써 온 슬로건 '인생은 꿈투성이(人生は、夢だらけ)'와도 결이 잘 맞는 카피입니다. 불확실한 인생의 여정에서 우리가 기댈 것은 결국 스스로가 찾은 꿈이라는 사실을 깨닫게 해 줍니다. 어떤 도움도 받을 수 없는 깜깜한 어둠 속에도, 북극성을 보며 방향을 잡을 수 있는 것처럼요. 우리가 차량용 내비게이션을 '내비'라고 줄이듯이 일본어에서는 ナビ라고 하는데요. 동사형으로 만들어 주는 る를 붙여서 '길 안내를 하다'는 뜻으로 ナビる라고 쓰기도 합니다.

人生(じんせい) 인생 | 地図(ちず) 지도 | ナビ 내비게이션 | だから 그래서
夢(ゆめ) 꿈 | 必要(ひつよう)だ 필요하다

No.91

모든 현실은 상상으로부터.

すべての現実は、
想像から。

산요 신문 광고 (1991)

지금은 역사 속으로 사라진 전자 제품 제조 기업 산요의 기업 PR 광고 카피입니다. 사람마다 각자 저마다의 전화기를 들고 다니고, 컴퓨터로 서로의 얼굴을 보며 회의하며, 자동차가 혼자서 다니는 세상. 몇십 년 전에는 SF영화나 만화 속의 이야기였죠. 지금의 이 기술들은 모두 누군가의 상상에서 시작됐을 겁니다. 지금 우리는 앞으로 다가올 미래를 어떻게 상상하고 있나요?

すべての 모든 | 現実(げんじつ) 현실 | 想像(そうぞう) 상상 | ~から ~부터

No.92

내 앞을 가로막고 있는 것은
벽이 아니라 문일지도 모른다.

目の前に立ちはだかるのは
壁ではなく、扉かもしれない。

리쿠르트 브랜드 메시지 광고 (2017)

너무 오랫동안 그곳에 그대로 있어서 벽으로 생각됐지만, 힘껏 밀면 열리는 문이었다는 설정은 봉준호 감독의 영화 〈설국열차〉에도 등장합니다. 영화 속 이야기만은 아닐 수 있습니다. 우리 앞에 놓인 수많은 장애물도 어쩌면 새로운 기회로 열리는 문일지 모르죠. ~かもしれない는 '~일지도 모른다'는 뜻으로 광고 카피에서 자주 사용됩니다. 직접적이고 단정적인 표현을 피하면서, 간접적이고 완곡한 표현을 자주 사용하는 일본어 특유의 화법이 반영된 것이죠.

目(め) 눈 | 前(まえ) 앞 | 立(た)ちはだかる 가로막다 | 壁(かべ) 벽
扉(とびら) 문 | ~かもしれない ~일지도 모르다

No.93

지금을 사는 사람이 가장 강하다.

미래를 위해 지금이 있는 것이 아니라
지금을 소중히 한 다음에 미래가 있는 것이니까.

いまを生きる人が、いちばん強い。
未来のためにいまがあるのではなく、
いまを大切にした先に未来があるのだから。

세이코 홀딩스 신문 광고 (2024)

메이저리그에서 활약 중인 오타니 쇼헤이 선수를 모델로 한 세이코의 광고 카피입니다. 지금이 가장 중요하다는 교훈은 많은 이야기를 통해서도 전해집니다. 그런데 꾸준한 노력으로 최정상에 선 오타니의 이야기라고 하면 임팩트가 다르죠. 과거에 집착하거나, 미래로 현재의 짐을 미뤄 놓으면서 만족스러운 삶을 살기는 쉽지 않습니다. 결국 지금이 쌓이고 이어져 더 나은 결과를 이룬다는 평범하지만 강력한 진실 앞에 왠지 겸허해지는 기분입니다.

今(いま) 지금 | 生(い)きる 살다 | 一番(いちばん) 가장
強(つよ)い 강하다 | 未来(みらい) 미래 | ~のために ~을 위해
大切(たいせつ)にする 소중히 여기다 | 先(さき) 앞, 기후

No.94

어떤 꿈도
수첩에 적으면
계획이 된다.

どんな夢も、
手帳に書けば、
計画になる。

일본능률협회 신문 공고 (2013)

❖ ❖ ❖

일본능률협회(日本能率協会)에서 발행하는 '능률 수첩'을 알리기 위한 카피입니다. 스마트폰으로 뭐든지 다 하는 세상이지만, 다이어리나 수첩을 꾸미며 꿈을 이루기 위한 계획을 적어 보고 싶어지게 하는 문장입니다. 書けば라고 가정법을 썼는데요, 구체적인 일회성 조건을 나타내는 ~たら, 가정이나 전제를 나타내는 ~なら 대신에 일반적인 조건이나 반복되는 상황을 나타내는 ~ば를 썼습니다. 수첩에 꿈을 적는 행위가 반복되면 계획이 될 거라는 믿음을 주네요.

どんな 어떤 | 夢(ゆめ) 꿈 | 手帳(てちょう) 수첩 | 書(か)く 쓰다
計画(けいかく) 계획 | ~になる ~가 되다

No.95

희망은 생겨난다.
어떠한 때라도.

希望は生まれる。
どんな時にも。

산토리 기업 PR TV 광고 (2020)

코로나로 많은 사람들이 힘들어했던 2020년 말에 발표된 광고 카피입니다. 한 해 동안 일어난 수많은 좋은 일들을 열거하며, 어려운 시기에도 희망이 있음을 강조하는 광고였습니다. 생각해 보면 다시는 예전으로 되돌아갈 수 없을지 모른다고 모두가 불안해했지만, 결국 이겨 냈지요. 앞으로 어떤 어려움과 위기가 찾아와도, 우리는 이겨 낼 겁니다. ~にも는 조사に와 조사も가 결합하여 '~에도'라는 뜻을 나타냅니다. ~にも로 간단하게 문장을 매듭지어 단호한 느낌이 강조됩니다.

希望(きぼう) 희망 | 生(う)まれる 태어나다 | どんな 어떤 | 時(とき) 때
~にも ~에도

No.96

"다음"은
미래를 향한 접속사.

「次」って、
未来への接続詞。

나가세산업 신문 광고 (2023)

"다음"은 기다리는 것이 아니라, 지금 만들어 앞으로 이어가는 것이라는 멋진 메시지를 "접속사"라는 단어로 세련되게 표현했습니다. 이 광고의 바디 카피는 이렇게 말합니다. "지금과 미래를 잇는 것은, '다음'을 쌓아 올리는 수밖에 없다"고. 지금에 충실한 것이 원하는 미래를 만드는 유일한 방법이라는 거죠. ~への는 방향을 가리키는 へ와 소유의 의미 の가 결합한 조사입니다. 흔히 '~로의, ~에의'라는 뜻으로 옮기는데, 일본어 번역 투의 영향을 받은 표현이라 쓰지 않는 게 좋다는 의견도 있습니다.

次(つぎ) 다음 | ~って ~란 것은 | 未来(みらい) 미래 | ~への ~로의
接続詞(せつぞくし 접속사

재능과 온천은
대개 파면 솟아난다.

才能と温泉は、
たいてい掘れば湧いてくる。

오카야마 광고 온천 포스터 (2009)

아직 나오지 않았다면, 없어서가 아니라 덜 팠기 때문일 겁니다. 온천에 대해서는 잘 모르지만, 재능에 대해서는 확신할 수 있습니다. 어떤 재능도 없는 사람은 아직 단 한 명도 보지 못했으니까요. '오카야마 광고 온천(岡山広告温泉)'은 실제 온천이 아니라 오카야마 지역 광고인들의 친목과 실력 증진을 목적으로 교류하는 단체의 이름이라고 합니다. 이 문장의 끝에 오는 くる는 굳이 '오다'로 해석하지 않습니다. て형과 결합하여 변화, 진전, 반복 등의 뉘앙스를 만들어줍니다.

才能(さいのう) 재능 | 温泉(おんせん) 온천 | たいてい 대개
掘(ほ)る 파다 | 湧(わ)く 솟다

No.98

뒤돌아보지 않는다.
왜냐하면 뒤에는 꿈이 없으니까.

振り向かない。
だってうしろに夢ないもん。

호시노 센이치 신문 끝고 (2010)

원래는 극작가 테라야마 슈지(寺山修司)가 남긴 명언이라고 합니다. 일본 야구의 전설 호시노 센이치가 2010년에 라쿠텐의 감독으로 취임하며 직접 낸 신문 광고의 카피로 쓰면서 다시 회자가 됐습니다. 이 문장의 맨 끝에 붙은 もん은 もの의 구어체 표현으로 이유나 근거를 나타냅니다. だって는 구어체에서 많이 사용되는데, '왜냐하면', '그러나', '그런데', '~조차' 등 다양한 뜻이 있어서 문맥에 따라 다르게 해석해야 합니다.

振(ふ)り向(む)く 돌아보다 | だって 왜냐하면 | うしろ 뒤 | 夢(ゆめ) 꿈

실패가 아니야.
성공하는 도중.

失敗じゃないよ。
成功の途中。

온워드 온라인 광고 (2009)

10,000번을 실패한 게 아니라, 성공하지 못한 10,000가지 방법을 발견한 것이다. 발명왕 에디슨이 전구 개발을 위한 무수한 실험에 실패하고 남긴 말이라고 하죠. 우리는 에디슨의 2,000개가 넘는 특허와 발명만 주목하지, 그 뒤에 쌓인 수많은 실패는 관심을 두지 않습니다. 성공은 결과나 상태가 아니라, 과정이며 진행형인지도 모릅니다.

失敗(しっぱい) 실패 | ~じゃない ~가 아니다 | 成功(せいこう) 성공
途中(とちゅう) 도중

No.100

A 심장이 움직이고 있다.
B 마음이 움직이고 있다.
어느 쪽이 살아 있다는 것일까.

A 心臓が動いている。
B 心が動いている。
どっちが生きてるってことだろう。

미디어웍스 문고 POP (2010)

진짜 살아 있다는 것이 무엇인지 그 본질을 파고드는 질문입니다. 의학적으로 심장이 움직이는 것에 의미가 있으려면, 마음이 살아 움직이고 있어야 한다는 뜻이겠죠. 출판사의 광고니까 가슴을 설레게 하는 책을 찾으라는 것이겠지만, 꼭 책일 필요는 없을 겁니다. 사람이든, 취미든, 일이든 가슴을 뛰게 하는 대상이 있다는 건 행복한 일입니다. 일본어 원문에서는 心이 들어가는 두 단어 心臓와 心를 나란히 배치해서 대비의 효과를 높였네요.

心臓(しんぞう) 심장 | 動(うご)く 움직이다 | 心(こころ) 마음
どっち 어느 쪽 (どちらの 구어 표현) | 生(い)きる 살다
~だろう ~겠지, ~일까

몇 번이고 몇 번이고 반복하는 동작.
그렇군. 기적은 이렇게 만들어지고 있었던 거였구나.

何度も何度も繰り返す同じ動き。
そうか。奇跡はこうやって
作られていたのか。

ANA TV 광고 (2018)

누군가에겐 기적의 결과, 누군가에겐 당연한 결과. 이 문장은 평창 올림픽을 앞두고 일본의 천재 피겨 스케이팅 선수 하뉴 유즈루를 모델로 만든 광고의 카피입니다. 광고 영상 속에는 같은 동작을 반복하며 묵묵히 연습하는 선수의 모습이 그려집니다. 그리고 기적은 끊임없는 노력과 반복 훈련의 결과라고 말해 줍니다. 하뉴 유즈루는 결국 올림픽에서 금메달을 거머쥐었습니다. 이 카피에서 ~のか는 문장의 끝에 붙어 납득과 감탄을 나타내는 종조사로 '~인 것인가'로 해석됩니다.

何度(なんど) 몇 번 | 繰(く)り返(かえ)す 반복하다 | 同(おな)じ 같은
動(うご)き 움직임 | そうか 그렇군 | 奇跡(きせき) 기적
こうやって 이렇게 | 作(つく)られる 만들어지다

No.102

내가 나아가는 방향이 앞이다.

自分が進む方が前だ。

토요타 TV 광고 (2007)

❖ ❖ ❖

내 앞이어서 가는 게 아니라, 내가 향하고 있으니까 앞이었네요. 앞을 규정하는 기준은 자기 자신밖에 없습니다. '나의 앞'이란 말에는 다른 사람이 정해 놓은 잣대와 방향은 무의미하죠. 내 발걸음이 내딛고 있는 곳이 앞이라는 당연한 이야기도 세계적인 자동차 기업 토요타의 목소리로 들으니 무게감이 다르네요. 는 읽는 법을 신경 써야 합니다. 예외인 경우도 있지만, 주로 뜻에 따라 다르게 읽습니다. '쪽', '편', '방향'을 의미할 때는 ほう로 읽고, '방법', '(공손하게) 사람' 등을 지칭할 때는 かた로 읽습니다.

自分(じぶん) 자기, 자신 | 進(すす)む 나아가다 | 前(まえ) 앞

포기하지 마.
버릇된다.

あきらめるな。
クセになる。

JT Roots 포스터 (2011)

성공의 반대는 실패가 아니라 포기입니다. '이기는 습관'이라는 말이 언제부턴가 눈에 많이 띄는데요. 이는 패배를 당연하게 받아들이지 말고, 성공을 통해 승리자의 마인드를 갖추라는 의미입니다. 그리고 그 습관은 일상적인 도전과 좌절 속에서 포기하지 않을 때 비로소 만들어집니다. 강조를 위해 가타카나로 쓴 クセ는 '버릇'을 뜻합니다. 일본어의 흔적이 남아 있는 한국 야구계에서는 '선수의 무의식적인 습관'을 가리킬 때도 사용됩니다.

諦(あきら)める 포기하다 | くせ 습관 | ~になる ~가 되다

No.104

움직이기 시작하면
미래도 움직인다.

動き出せば、
未来も動く。

TV 아사히 TV 광고(2022)

언뜻 보면 타임슬립 드라마나 SF 영화의 이야기 같죠? 민영 방송인 TV 아사히(テレビ朝日)가 전개한 '미래를 여기부터 프로젝트'의 캠페인 광고 카피입니다. 광고는 '남은 음식 포장해 가기' 같은 작은 실천이 미래를 바꾼다는 이야기를 잔잔하게 보여 줍니다. 動き出す는 동사 動く와 出す가 결합하여 '움직이기 시작하다'는 뜻을 나타냅니다. 이렇게 동사의 ます형에 出す가 붙으면 '~하기 시작한다'는 의미가 됩니다.

動(うご)き出(だ)す 움직이기 시작하다 | 未来(みらい) 미래
動(うご)く 움즈이다

No.105

새로운 '나'를 시작하는 것은
언제나 나밖에 없다.

あたらしい「私」を始めるのは、
いつだって、わたししかいない。

소고·세이부 백화점 신문 광고 (2018)

누군가 내 인생을 대신 살아 줄 수 없듯이, 새로운 나로 거듭나는 일도 결국 자신의 몫입니다. 타인의 조언이나 도움은 받을 수 있겠지만, 변화의 첫발을 내딛는 건 오직 자신뿐이죠. 백화점의 광고 카피이지만 멋진 옷이나 화장품이 아닌, 삶의 주체로서 자기 자신을 바라보게 만드는 문장이 마음에 와닿습니다. 私를 한자와 히라가나로 달리 표기한 것이 인상적입니다. 私는 객관적 자아를, わたし는 주관적 자아를 나눠서 표현한 느낌입니다.

あたらしい 새로운 | 私(わたし) 나 | 始(はじ)める 시작하다
いつだって 언제나 | ~しかいない ~밖에 없다

성공은 결정적이지 않고, 실패는 치명적이지 않다.
중요한 것은 계속할 수 있는 용기다.

成功は決定的ではなく、
失敗は致命的ではない。
大切なのは続ける勇気だ。

리쿠르트 브랜드 메시지 광고 (2017)

❖ ❖ ❖

영국의 정치가 윈스턴 처칠이 남긴 명언을 카피로 활용한 것입니다. 처칠의 원문은 "Success is not final, failure is not fatal. It's the courage to continue that counts" 입니다. 원문 자체가 간결하게 타임을 살린 임팩트 있는 문장입니다. 역시 노벨문학상 수상자답네요. 눈앞의 실패에 연연해서 도전을 멈추지 말라는 메시지는 시대와 국경을 초월해 감동을 주는 것 같습니다.

成功(せいこう) 성공 | 決定的(けっていてき) 결정적 | 失敗(しっぱい) 실패
致命的(ちめいてき) 치명적 | 大切(たいせつ)だ 중요하다
続(つづ)ける 계속하다 | 勇気(ゆうき) 용기

No.107

어제의 나와 오늘의 나는
책 한 권만큼 다르다.

きのうの私と、きょうの私は、
一冊ちがう。

슈에이샤 나츠이치 동영상 광고 (2017)

앙드레 지드는 말했습니다. "나는 한 권의 책을 책꽂이에서 뽑아 읽었다. 그리고 그 책을 꽂아 놓았다. 그러니 나는 이미 조금 전의 내가 아니다." 책을 통한 성장에 대한 소설가의 생각을 카피라이터는 이렇게 해석한 것이죠. 슈에이샤가 매년 여름마다 하는 독서 캠페인 나츠이치(ナツイチ)의 2017년 광고에 등장하는 카피입니다. 나츠(ナツ)는 '여름'을, 이치(イチ)는 숫자 '1'을 뜻합니다. '여름에 책 한 권씩 읽자'는 의미로 만든 단어입니다.

昨日(きのう) 어제 | 今日(きょう) 오늘 | 一冊(いっさつ) 한 권
ちがう 다르다

No.108

만드는 것은 부수는 것이다.
상식을, 전례를, 편견을.

つくることは、壊すこと。
常識を、前例を、思い込みを。

오바야시구미 포스터 (2021)

일본의 5대 건설회사 중 하나로, 업계를 선도하는 오바야시구미(大林組)의 카피입니다. 건설업은 만드는 일이 아니라 부수는 일이라는 역설적인 정의를 통해서 창의적이며 혁신적인 기업의 철학을 전달하고 있습니다. 현재의 틀에 얽매이면 새로운 것을 만들 수 없는 것은 개인도 마찬가지겠죠. 思い込み는 일한 사전에는 '굳게 믿음', '확신함' 이라고 나오는데요, 확실하지 않은 것을 확신한다는 뉘앙스라서, 긍정적인 의미로는 거의 사용되지 않습니다. 여기서는 문맥상 '편견'으로 옮겼습니다.

つくる 만들다 | こと 것 | 壊(こわ)す 부수다 | 常識(じょうしき) 상식
前例(ぜんれい) 전례

No.109

"이런 시대니까"라고 포기하는 사람이 있다.
"이런 시대니까"라고 시작하는 사람이 있다.

「こんな時代だから」、
とあきらめる人がいる。
「こんな時代だから」、
と始める人がいる。

AEON 포스터 (2010)

이 카피가 나온 2010년 무렵은 글로벌 금융 위기와 장기 불황의 여파로 경제 침체가 지속되던 시절입니다. 높은 실업률과 취업난도 계속됐습니다. 그런 이유로 누군가는 자기 계발을 포기해 버렸고, 누군가는 자신의 경쟁력을 높이려고 노력했을 것입니다. 10여 년 전 한 영어 회화 학원의 광고 카피지만 급격한 변화의 시대를 맞고 있는 지금의 우리에게 그 이상의 메시지를 던지고 있습니다. ~とは 다양한 용법으로 활용됩니다. 여기서는 앞의 문장을 인용하는 역할을 하며 '~라고'로 해석합니다.

こんな 이런 | 時代(じだい) 시대 | あきらめる 포기하다
人(ひと) 사람 | 始(はじ)める 시작하다

No.110

좋아한다는 것이
너를 강하게 만든다.

好きが
君を強くする。

와세다 아카데미 TV 광고 (2022)

다른 이들의 무관심과 무시 속에서도, 줄곧 곤충을 좋아하던 한 소녀가 부모의 이해와 지지 속에서 자라 세계적인 학자가 된다는 스토리를 담은 광고입니다. 궁극적으로 입시를 지향하는 학원에서 진학을 위한 방법이 아니라, 공부의 의미와 가치를 모티프로 광고를 만들었다는 것이 인상적입니다. 君는 상대방을 일컫는 2인칭 대명사로 친근한 또래나 손아랫사람을 부를 때 씁니다. 君라는 호칭 때문에 시청자는 바로 자신에게 하는 이야기처럼 느끼는 거죠.

好(す)き 좋아함 | 君(きみ) 너, 그대 | 強(つよ)い 강하다
~くする ~게 만들다

No.111

어른은 깨어 있을 때 꿈을 꾼다.

大人は、
起きているときに夢を見る。

혼다 포스터 (2009)

❖ ❖ ❖ ❖

아이는 눈을 감고 꿈을 꾸지만, 어른은 눈을 뜨고 꿈을 이 룹니다. 환상이 아닌 현실 속에서, 추상적이지 않은 구체적인 목표로 말이죠. 슬로건이 The Power of Dreams 인 혼다는 상상력과 도전정신을 중시하는 기업입니다. 이 카피 또한 그러한 철학이 담긴 문구네요. 夢を見る는 '꿈을 꾸다'라는 뜻입니다. '본다'라는 뜻의 見る를 써서 꿈꾸는 행위를 표현하는 것이 한국어의 '꾸다'와는 미묘한 차이를 느끼게 합니다.

大人(おとな) 어른 | 起(お)きる 일어나다, 발생하다 | とき 때
夢(ゆめ) 꿈 | 見(み)る 보다

No.112

어떻게든 될 거야. 지금까지도 다
어떻게든 됐잖아.

なんとかなるよ。
今までも全部
なんとかなったじゃない。

온워드 온라인 광고 (2009)

우리 삶을 낙관적으로 만드는 것은 좋은 조건이나 상황보다 낙관적인 생각과 태도일 때가 더 많습니다. 힘든 일이 생기면 권력이나 재력이 있는 사람들을 부러워하지만, 돈과 힘이 문제를 다 해결해 주지 못하죠. 오히려 더 큰 문제를 불러오기도 합니다. 아무리 힘든 문제도 대개는 어떻게든 다 됩니다. 필요한 건 긍정적인 생각과 시간입니다. なんとか는 문맥에 따라 '뭐라고', '어떻게든', '그럭저럭' 등 다양하게 해석됩니다. なんとかなる는 관용적으로 '어떻게든 된다'는 뜻으로 사용됩니다.

なんとか 어떻게든 | 今(いま) 지금 | 全部(ぜんぶ) 전부
~じゃない ~가 아니다

여름은
금방 왔다가 금방 끝난다.

夏は、
すぐ来て、すぐ終わる。

토신하이스쿨 신문 광고(2013)

일본 광고 속 여름은 아름다운 청춘을 상징합니다. 특히 패션, 뷰티, 음료 광고에서 그렇습니다. 하지만 입시 학원 광고에서의 여름이라면 이야기가 달라집니다. 일본의 입시는 2월부터 3월 초로, 입시 전 마지막 여름방학은 매우 중요한 시기라고들 합니다. 이 카피는 여름 단기 과정 개강을 알리는 광고의 헤드라인입니다. 문구만 좋고 봤을 때는 서정적인 이야기 같지만, 미래를 제대로 준비할 수 있는 승부의 시간이 머지않아 끝난다는 경고의 메시지로 해석할 수 있겠습니다.

夏(なつ) 여름 | すぐ 곧, 즉시 | 来(く)る 오다 | 終(お)わる 끝나다

열정은
운명조차 끌어당긴다.

情熱は、
運命さえ引き寄せる。

리쿠르트 온라인 광고 (2017)

사람에게 운명이나 숙명 같은 것이 있을까요. 우리는 정해진 길을 갈 수밖에 없는 걸까요. 강력한 의지와 열정을 가지고 노력하면, 운명을 가리키는 손금이나 관상마저도 바뀐다고 하죠. 우리 앞에 주어진 길은 우리가 직접 만들 수 있는 시대입니다. 운명 같은 말을 방패 삼기에 세상은 점점 더 많은 기회를 열어 주고 있습니다. ~さえ는 '~마저', '~조차' 등 극단적인 예시를 나타내는 조사입니다. 그만큼 주장에 힘을 실어 강조하고 싶을 때 사용합니다.

情熱(じょうねつ) 정열 | 運命(うんめい) 운명 | ~さえ ~마저, ~조차
引(ひ)き寄(よ)せる 끌어당기다

No.115

거대한 진화는
작은 용기에서 시작된다.

大きな進化は、
小さな勇気から生まれる。

오바야시구미 포스터 (2021)

❖ ❖ ❖

역사를 바꿔 버린 위대한 발명이나 혁신도 처음 시작은 누군가의 작은 도전이었을 겁니다. '이런 걸 해 봐도 되겠어?'라며 소극적으로 생각만 하고 있었다면, 세상을 바꾼 위대한 변화와 전진은 이룩하지 못했을지도 모릅니다. 지금 우리가 살면서 누리는 모든 것들은 작은 용기들이 모여서 이루어진 것입니다. '거대한'이라는 의미의 大きな와 '작은'이라는 뜻의 小さな가 각 줄의 앞에 붙어 대구를 이루면서 짜임새 있는 카피가 완성됐네요.

大(おお)きな 큰 | 進化(しんか) 진화 | 小(ちい)さな 작은
勇気(ゆうき) 용기 | 生(う)まれる 태어나다

No.116

혁신적인 서비스는
대개 들어본 적 없는 회사에서 생겨난다.

革新的なサービスは、たいてい聞いたことない会社から生まれる。

덴카싱키 포스터 (2018)

아마존이 단순한 온라인 서점이었던 시절을 기억하시나요? 페이스북은 대학교 동아리 같은 작은 프로젝트였고, 애플은 한 허름한 차고에서 시작했죠. 세상을 바꾸는 혁신은 늘 우리가 잘 모르는 이름에서 시작됩니다. 태양광 발전 시스템을 만드는 덴카싱키의 담대한 비전을 잘 담은 카피입니다. たいてい는 '대체로, 보통'이란 뜻입니다. 비슷한 표현으로 だいたい(대체로, 대강), ほとんど(거의, 대부분), ふつう(보통) 등이 있습니다.

革新的(かくしんてき) 혁신적 | 聞(き)く 듣다, 묻다 | 会社(かいしゃ) 회사
生(う)まれる 태어나다

No.117

첫걸음에 용기가 필요하다.
그런데 일단 내디디면 의외로 간단.

はじめの一歩って勇気がいる。
でも、踏み出したら意外と
カンタンで。

리쿠르트 온라인 광고 (2015)

❖ ❖ ❖

새로운 시작 앞에서 우리는 늘 설렘과 두려움을 동시에 느낍니다. 걸음마를 시작할 때도, 자전거 타기를 배울 때도 그랬죠. 하지만 지금 우리는 모두 씩씩하게 걷고 있고, 자전거도 자유자재로 타고 있습니다. 취업, 이직, 창업…. 어떤 첫걸음이든 마찬가지입니다. 한 번 용기를 내어 그 한 걸음을 내딛고 나면, 그다음부터는 의외로 수월하게 길이 열리죠. カンタン는 보통 한자로 簡単이라고 표기하지만, 여기서는 카피 내용에 맞춰, 더 간단하게 보이게끔 가타카나로 썼습니다.

初(はじ)め 처음 | 一歩(いっぽ) 한 걸음 | 勇気(ゆうき) 용기
要(い)る 필요하다 | 踏(ふ)み出(だ)す 내딛다 | 意外(いがい) 의외
簡単(かんたん) 간단, 쉬움

No.118

"장래에 뭐가 되고 싶어?"라고
왜 어른에게는 묻지 않는 걸까?

「将来何になりたいの?」って どうして大人には 聞かないのだろう?

포푸라사 그림책 포스터 (2019)

❖ ❖ ❖

어른의 장래 희망이라…. 왠지 어색한 느낌이 듭니다. 어른이 되면 더 이상 꿈을 꾸지 않아도 된다고 정해진 것도 아닐 텐데요. 사실 학창 시절은 몇 년 되지 않지만, 어른으로 살아가는 시간은 그보다 훨씬 깁니다. 어른도 장래 희망이 필요합니다. 미래를 가리키는 말로 将来(장래)와 未来(미래)가 있습니다. 한국어의 '장래', '미래'의 용례처럼 将来는 '앞으로'의 뜻으로 쓰이며, 未来는 '아직 오지 않은 시간'을 나타냅니다.

将来(しょうらい) 장래 | 何(なに) 무엇 | なりたい 되고 싶다
どうして 어째서, 왜 | 大人(おとな) 어른 | 聞(き)く 묻다, 듣다

No.119

두근거림이 미래를 만든다.

わくわくが、未来をつくる。

리쿠르트 온라인 광고 (2019)

연애할 때만 두근두근하라는 법 있나요? 새로운 프로젝트를 시작할 때의 설렘, 기발한 아이디어가 떠오를 때의 짜릿함, 도전적인 목표를 세울 때의 긴장감. 오늘의 이런 두근거림들이 모여 미래를 만들어 갑니다. 취업 정보 회사의 메시지는 가슴 설레는 직장을 찾아 줄 것 같은 기대감도 주면서, 일을 대하는 태도에 대한 조언과 응원이 되기도 합니다. わくわく는 '두근두근', '설렘'을 나타내는 의태어입니다. 보통 부사적으로 쓰이는 의태어를 が로 주격화하여 문장의 주어로 만드니 눈에 더 확 띕니다.

わくわく 두근두근 | 未来(みらい) 미래 | つくる 만들다

세상의 넓이를 단정지은 것은
나였다.

世界の広さを決めつけてたのは
私だった。

JR동일본 TV 광고 (2023)

내가 보는 만큼이 경계입니다. 니가 아는 만큼이 세상입니다. 익숙한 동네, 학교, 회사를 떠나 보면 세상이 얼마나 넓은지 알게 됩니다. 내가 정해 놓은 경계가 얼마나 의미가 없는 것인지. 여기서 決めつける는 '단정짓다'는 뜻입니다. 주로 편견이나 선입견을 가지고 잘못된 판단을 내린다는 부정적인 뉘앙스로 사용됩니다.

世界(せかい) 세상 | 広(ひろ)さ 넓이   決(き)めつける 단정짓다
私(わたし) 나

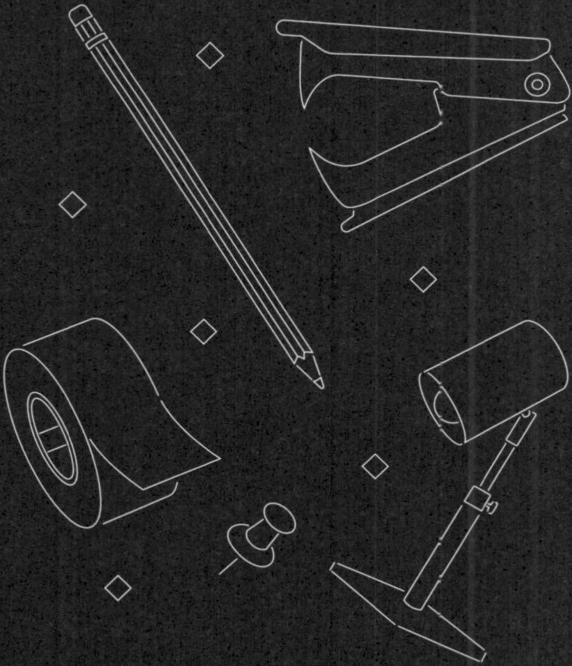

Part 4

일 仕事

직장인이라면 누구나 공감할 수밖에 없는
카피들을 소개합니다.

Part 4

No.121 ~ No 160

원어 낭독과 함께 읽어보세요.

No.121

'좋은 회사에 들어가다'의 '좋은'이란
누가 정한 '좋은'일까.

「いい会社に入る」の「いい」って、誰が決めた「いい」なんだろ。

마이나비 포스터 (2013)

❖ ❖ ❖

취업 정보 기업인 마이나비의 카피입니다. 획일화된 기준으로 좋은 회사를 가르는 분위기에 휘둘리지 말라는 메시지를 담고 있습니다. 자신의 기준과 삶의 방식에 맞는 직업과 회사를 선택해야 한다는 거죠. '회사에 들어가다'라는 표현을 우리말과 똑같이 会社に入る라고 합니다. 회사에 들어가는 것을 명사로는 入社(입사) 또는 就職(취업)이라고 하고, 취업 활동은 보통 就活(취활)라고 줄여서 말합니다.

良(い)い 좋다 | 会社(かいしゃ) 회사 | 入(はい)る 들어가다
誰(だれ) 누구 | 決(き)める 정하다

No.122

이 세상을 움직이는 최고의 에너지는
마감 시간이라고 생각해.

この世界を動かしている
いちばんのエネルギーは、
締め切りだと思った。

아사히푸드 민티아 포스터 (2018)

❖ ❖ ❖

꼭 마감이 닥쳐야 열심히 일하는 건 어디나 마찬가지인가 봅니다. 저도 그렇습니다. (하하) 마감을 잘만 활용하면, 정말 세상을 잘 움직이는 힘이 되겠죠? 일본 광고 카피에서는 ~と思う라는 표현을 자주 발견합니다. 직접적으로 자신의 의견을 표현하기보다는, 간접적으로 드러내는 것이 미덕인 일본어 화법이 그대로 느껴집니다. 반드시 '~라고 생각한다'로 해석하기보다는, 문맥에 따라서 '~이다', '~인 것 같다' 등으로 옮겨도 됩니다.

世界 (せかい) 세계 | 動(うご)かす 움직이다 | 一番(いちばん) 가장
エネルギー 에너지 | 締(し)め切(き)り 마감 ~と思(おも)う ~라고 생각하다

No.123

쉬는 날의 피로를 풀기 위해
쉬고 싶다.

休日の疲れをとるため
休みたい。

요메이슈 포스터 (2011)

❖ ❖ ❖

휴일이 진짜 쉬는 날이 될 순 없을까요? 달력에서만 빨간 날이지 집안일, 육아, 자기 계발 등으로 쉬지 못하는 날이 더 많지요. 쉬는 날에 생긴 피로를 풀기 위해 또 쉬는 시간이 필요한 아이러니가 씁쓸한 공감을 자아냅니다. 疲れをとる는 '피로를 풀다'라는 뜻인데요, とる는 한자로는 取る를 씁니다. 取る는 흔히 '잡다', '들다'로만 알고 있는 경우가 많은데, 영어의 take처럼 엄청나게 많은 뜻으로 쓰이고 있어, 예문과 함께 의미를 익히는 게 좋습니다.

休日(きゅうじつ) 휴일 | ~ため ~하기 위해 | 休(やす)む 쉬다
~たい ~고 싶다

No.124

좋아하는 것을 하지 않는다면
인생은 지루하다.

好きなことをやらなかったら、
人生はつまらない。

JR동일본 청춘18티켓 포스터 (2013)

곧 성인이 되는 청춘들에게 여행을 장려하는 캠페인 광고의 카피입니다. 여기서 '한다'는 의미로 する가 아닌 やる를 활용했는데요. 두 동사 모두 '하다'라는 뜻이지만 やる는 구어체에서 많이 사용됩니다. 그리고 する가 추상적인 느낌이라면, やる는 구체적인 행동에 많이 쓰이죠. 그래서 결심이나 의지를 좀 더 진하게 강조할 수 있습니다. 이 카피를 보면 왠지 빨리 움직여야 할 것 같은 느낌이 드는데요, 동사를 잘 고른 덕분인 것 같네요.

好(す)きだ 좋아하다 | やる 하다 | 人生(じんせい) 인생
つまらない 재미 없다

No.125

정말 필요한 것은
눈에 잘 띄지 않는다.

必要なものは、
地味に見える。

칼로리메이트 포스터 (1987)

❖ ❖ ❖ ❖

큰 소리로 자신을 드러내는 사람보다, 묵묵히 제 할 일을 하는 사람이 더 귀합니다. 회의실에서 번뜩이는 아이디어를 내는 사람도 좋지만, 그 아이디어를 현실로 만드는 사람은 보이지 않는 곳에 있곤 하죠. 화려한 스포트라이트를 받는 주역보다, 무대 뒤에서 공연을 완성하는 스태프들처럼. 진짜 필요한 사람은 의외로 눈에 잘 띄지 않는 자리에 있는 법입니다. 地味だ는 '수수하다', '검소하다'라는 의미로, 派手だ(화려하다)의 반대말입니다.

必要(ひつよう)だ 필요하다 | 見(み)える 보이다

No.126

나의 야근은 거의
누군가의 실수로 만들어졌다.

わたしの残業は、ほとんど
誰かのミスでできている。

OSK 신문 광고 (2014)

❖ ❖ ❖

업무 시스템 통합 솔루션을 제공하는 OSK의 광고 카피입니다. 직장인의 현실을 재미있게 보여 주면서도 OSK의 제품으로 업무 프로세스를 개선하라는 메시지를 재치 있게 담았습니다. 일본에서는 '야근' 대신 '잔업(残業)'이라는 단어를 사용합니다. 야근은 '낮 근므'의 반대 개념이고, 잔업은 '남은 일'을 의미하죠. 여기서는 残業를 한국에서 일상적으로 많이 쓰는 표현 '야근'으로 옮겼습니다.

残業(ざんぎょう) 잔업 | ほとんど 대부분, 거의 | 誰(だれ)か 누군가
ミス 실수 | できている 이루어져 있다

No.127

좋아하는 일을 직업으로 삼으면
힘든 일일수록 재미있다.

好きなことを仕事にすると、
大変な仕事ほど面白い。

마츠무라정형 신문 광고 (2015)

금속 정밀 부품 전문 기업의 구인 광고 카피입니다. 단순한 인재 채용을 넘어서 도전적 기업 문화와 기술력을 함께 홍보하는 문구이죠. 자신이 좋아하는 일을 하게 되면 누가 시키지 않아도 더 좋은 결과를 위해 힘을 쏟고 도전하게 됩니다. 그 과정에서 가장 큰 보상은 본인의 성장이고요. 통장에 찍히는 급여, 주변의 평판과 시선보다 내가 진짜 좋아하는 일을 찾는 게 중요한 이유겠죠. ~ほどは '~할수록'이라는 뜻이며, 정도가 심할수록 결과도 더 강해진다는 의미로 자주 사용됩니다.

好(す)きだ 좋아하다 | 仕事(しごと) 일, 직업
大変(たいへん)だ 힘들다 | 面白(おもしろ)い 재미있다

No.128

'매뉴얼에 의존하지 마라'
라고 쓰여 있는 책도
또 다른 매뉴얼이다.

マニュアルに頼るな。
と書いてある本も、
また別のマニュアルである。

JT Roots 포스터 2015)

매뉴얼대로 하란 건가요, 하지 말라는 건가요? 직장 생활의 복잡함과 어렵지 않게 마주하는 모순된 지침을 유머러스하게 건드리는 카피입니다. Roots는 주 타깃인 직장인들의 회사 생활을 소재로 한 위트 있는 광고를 많이 선보입니다. ~である는 ~이다라는 뜻을 나타내는 표현입니다. 같은 뜻을 가진 ~です나 ~ます에 비해 문어체 표현으로 공식적인 글이나 상황에서 사용됩니다. 단순히 하는 말이 아니라, 공식적인 문서 속 내용 같은 느낌을 주며 아이러니를 부각하고 있네요.

マニュアル 매뉴얼 | 頼(たよ)る 의존하다 | 書(か)いてある 쓰여 있다
また 또 | 別(べつ) 별개

No.129

본업, 행복하게 있는 것.

本業、
幸せでいること。

earth music & ecology 포스터 (2019)

earth music & ecology는 자연스럽고 편안한 스타일을 추구하는 패션 브랜드답게, 단순한 세일즈 메시지가 아닌 삶의 방식을 제안하고 있습니다. 본업이라 하면 일반적으로 직업이나 업무를 떠올리는데, 이 카피에서는 행복을 인생에서 가장 중요한 일로 제시하며 브랜드의 철학을 강조합니다. ~でいること는 사람이나 생물의 존재를 나타내는 いる와 이를 명사로 만드는 こと가 합쳐져 '~인 상태를 말합니다.

本業(ほんぎょう) 본업 | 幸(しあわ)せ 행복 | こと 것

기획을 생각하고 있었는데
어느새 핑계를 생각하고 있었다.

企画を考えていたら、
いつの間にか
言い訳を考えていた。

로토제약 판시롱 신문 광고 (2009)

스트레스성 위통 치료제의 광고 카피입니다. 아이디어가 안 떠올라서 핑계를 찾고 있는 스트레스 받는 상황을 유머러스하게 표현하고 있죠. 위통은 없지만, 왠지 남의 일 같지가 않네요. ~たら는 주로 가정법에서 '~면'이라는 의미로 사용되는데, 여기서는 상황의 전환을 나타내는 단어입니다. '~하고 있었는데', '~하고 있었더니' 등의 의미로 해석하는 게 자연스럽습니다.

企画(きかく) 기획 | 考(かんが)える 생각하다 | いつの間(ま)にか 어느새
言(い)い訳(わけ) 핑계

No.131

할 수 없는 일은 함께 해내자.

できないことは、
みんなでやろう。

마루베니 TV 광고 (2023)

일본의 대표적 종합 상사인 마루베니(丸紅)의 기업 PR 광고 카피입니다. 복잡하고 규모가 큰 글로벌 비즈니스를 운용하는 회사의 성격에도 잘 어울릴 뿐 아니라, 사회 구성원들과 문제를 해결해 나가는 기업의 사회적 역할도 적극적으로 담겨 있네요. やろう는 '하다'라는 뜻의 やる의 청유형으로 '하자'라는 의미입니다. 똑같은 뜻의 する에 비해 구어체이면서 의지를 담은 뉘앙스가 있는 やる를 쓰니, 왠지 함께해야 할 것 같은 느낌이 더 듭니다.

できる 할 수 있다 | みんなで 모두 함께

No.132

남이 가르쳐 준 것은 잊어버린다.
스스로 발견한 것은 잊지 않는다.

教えてもらったことは、忘れる。
自分で発見したことは、
忘れない。

쿠보타 포스터 (2009)

중공업 기업인 쿠보타가 중고생을 대상으로 진행하는 환경 과학 세미나를 알리는 포스터 카피입니다. 직접 실험을 통해 지구 온난화의 심각성과 환경 보호의 중요성을 체험하는 프로그램의 장점을 담고 있습니다. 스스로 발견한 것을 오래 기억하는 건 학생들만의 이야기는 아니겠죠? 이 문구에서는 ~てもらう의 사용이 눈에 띄네요. 직역하면 '~해 받다'라는 어색한 문장이 됩니다. 그래서 보통은 '~해 주다'로 옮기죠. 이 카피에서는 '가르쳐 주는 것을 받는다'가 되기에 '가르쳐 준 것'으로 옮겼습니다.

教(おし)える 가르치다 | 忘(わす)れる 잊다 | 自分(じぶん)で 스스로
発見(はっけん) 발견

No.133

일단 움직여.
걱정은 나중에 해도 돼.

まず動く、
心配するのは後でいい。

리쿠르트 온라인 광고 (2018)

완벽하게 검토하고 준비하는 것이 미덕인 시대가 있었습니다. 물론, 지금도 바람직하죠. 그러나 철저함을 핑계로 이리저리 재고, 결정을 미루다가 무수한 기회를 놓치는 일이 너무 많습니다. 어떤 일이든 일단 시작하는 것이 최고입니다. 자, 일단 움직여 봅시다. 動く는 동사의 기본형인데, 문맥상 권유의 뉘앙스가 생겼네요. 청유형(動こう)이나 명령형(動け)을 쓰지 않고도 기본형만으로도 문맥상 제안이나 명령의 느낌으로 해석해야 할 때가 있습니다.

まず 우선, 일단 | 動(うご)く 움직이다 | 心配(しんぱい)する 걱정하다
後(あと)で 뒤에, 나중에

No.134

잡담에서 생기는
시너지를 믿는다.

雑談から生まれる
シナジー信じてる。

오비스 옥외 광고 (2022)

버추얼 오피스 기업인 오비스(oVice)의 옥외 광고 카피입니다. 재택근무를 하는 기업이 많아지면서, 직원 간 관계 단절이 단점으로 부각되기도 했죠. 오비스의 가상 사무실에서는 오프라인 공간에서처럼 교류하는 것이 가능하다는 메시지를 담고 있습니다. 가타카나로 하는 일본어의 영어 표기는 한국인의 언어 감각으로는 어색하게 느껴질 때가 많은데, 장음 표기에 신경을 많이 쓰는 게 인상적입니다. -gy로 끝나는 단어는 꼭 장음 표시(ー)를 달아 줍니다. '시너지'도 シナジー로 한국어로는 '시너지이' 정도 되겠네요.

雑談(ざつだん) 잡담 | 生(う)まれる 태어나다, 생기다 | シナジー 시너지
信(しん)じる 믿다

과음은 몸에 좋지 않지만,
영혼에는 가끔 도움이 된다.

飲みすぎは身体には悪いけど、魂には、ときどき優しい。

Bar 글로리 나가노 포스터 (2013)

술집이 그저 술을 파는 곳이 아니라, 위로와 위안이 있는 곳이라는 이야기를 재치 있게 건네는 카피입니다. 과음이 안 좋은 것은 모두가 알지만, 할 수밖에 없는 일이 생기는 것 역시 모든 이들이 공감할 만한 부분이겠죠. 하지만 ときどき(가끔)라는 단어를 잊으면 안 되겠습니다. 優(やさ)しい는 '착하다', '상냥하다'라는 뜻입니다. 여기서는 '도움이 된다'로 의역했습니다.

飲(の)みすぎ 과음 | 身体(からだ) 몸 | 悪(わる)い 나쁘다 | 魂(たましい) 혼, 정신 | ときどき 가끔, 때때로 | 優(やさ)しい 상냥하다, 부드럽다

No.136

취업은 결혼이 아니라 연애다.

就職は、
結婚ではなく、恋愛です。

산요 신문 광고 (2001)

혁신적이고 열정적인 인재를 원한다는 기업 PR 광고 카피입니다. 결혼은 큰 변화 없이 안정적인 관계로, 연애는 열정을 바치며 노력하는 관계로 비유한 것이 재미있습니다. 회사는 열정을 가진 사람을 원한다는 측면에서 연애라고 생각하겠지만, 구직자는 부담 없이 그만둘 수 있다는 점에서 연애라고 생각하지는 않을까요?

就職(しゅうしょく) 취업 | 結婚(けっこん) 결혼 | 恋愛(れんあい) 연애

No.137

무언가를 원하기에 사람은 일을 합니다.
그리고 무엇을 원하느냐에 따라
노동은 행운이 되기도, 불행이 되기도 합니다.

何かが欲しいのです。
だから、人は働くのです。
そして、何を欲しがるかで
労働は、幸運にも、不幸にもなります。

니시슈쿄 팸플릿 (2006)

한국고용정보원에 따르면 우리나라의 직업 종류는 2019년 기준 약 16,891개라고 합니다. 지금까지 그래 왔듯이, 어떤 직업은 사라지고 어떤 직업은 생겨날 겁니다. 이 모든 직업을 가지고 일하는 사람들이 무엇을 원하느냐에 따라 행운이 되기도, 불행이 되기도 하겠지요. 한국이나 중국에서 쓰지 않는 일본식 한자를 와세이칸지(和製漢字)라고 합니다. '일하다'는 뜻의 働く에 쓰인 한자 働도 일본어에만 있는 한자입니다. 사람(人)이 움직이며(動) 하는 것이 일이라는 의미인가 봅니다.

何(なに)か 무언가 | 欲(ほ)しい 원하다 | だから 그래서
働(はたら)く 일하다 | 欲(ほ)しがる 갖고 싶어 하다
労働(ろうどう) 노동 | 幸運(こううん) 행운 | 不幸(ふこう) 불행

No.138

고객에게 전문 용어를 쓰지 않는 정비사가
진정한 프로페셔널.

お客様に専門用語を
使わない整備士が、
本当のプロフェッショナル。

오토박스 세븐 웹 광고 (2023)

❖ ❖ ❖

평이한 내용의 이야기를 전문 용어나 생소한 외국어를 섞어 가며 어렵게 설명하는 사람들이 있습니다. 언뜻 보면 있어 보일지는 모르겠습니다. 그런데 경험상 대체로 그런 부류들은 스스로 그 내용을 잘 모르는 경우가 많습니다. 진짜 전문가는 알기 쉽게 설명한다는 말이 진리입니다. 本当는 '진짜'라는 뜻으로 진짜() 많이 쓰이는 단어입니다.

お客様(きゃくさま) 손님, 고객 | 専門用語(せんもんようご) 전문 용어
使(つか)う 쓰다 | 整備士(せいびし) 정비사 | 本当(ほんとう) 진짜
プロフェッショナル 프로페셔널

No.139

그 전례는
하나의 사례에 불과하다.

その前例は、
一例に過ぎない。

리쿠르트 온라인 광고 (2020)

재판에서도 판례가 중요한 판단의 기준이 되듯, 모든 일에는 전례가 중요합니다. 이것은 중요한 가이드라인이 되어 효율적으로 생각하고 실행하는 데 도움을 주죠. 하지만 어떤 경우에는 전례가 굳건한 고정관념이 되어, 창의성을 죽이고 가능성을 좁히는 역할도 합니다. 가끔은 전례 역시 하나의 사례에 불과하다는 도전 정신이 필요합니다. '지나다'는 뜻의 過ぎる의 부정 표현 過ぎない는 '지나지 않는다', 즉 '불과하다'는 뜻으로 일상 문장에서도 많이 사용됩니다.

前例(ぜんれい) 전례 | 一例(いちれい) 일례 | 過(す)ぎない 불과하다

No.140

타인에게 친절하게.
자신에게 가장 친절하게.

人に優しく。
自分に一番優しく。

온워드 온라인 광고 (2008)

남에게는 엄격하고 자기에게만 관대한 사람은 꼴불견이지만, 반대로 자신에게만 너무 엄격한 잣대를 들이대며 몰아붙이는 것도 보기 좋지는 않습니다. 작은 실수나 실패에 연연하는 건 자존감과 자신감을 떨어뜨리는 일이죠. 自己와 自分 모두 자기 자신을 가리키는 말입니다. 自己는 철학적, 심리학적, 공식적 맥락에서 주로 활용되며, 일상생활에서 자신을 가리킬 때는 주로 自分을 사용합니다. 이 문장에서 人는 일반적인 사람을 뜻하는데, 문맥상 타인으로 옮겼습니다.

人(ひと) 사람 | 優(やさ)しい 친절하다 | 自分(じぶん) 자기, 자신
一番(いちばん) 가장

No.141

언젠가 AI가 상사가 되거나 하는 건가?

いつかAIが
上司になったりするのかな。

산토리 BOSS 포스터 (2018)

인공 지능이 인간의 일을 대체한다는 이야기가 현실이 되어 가고 있습니다. 챗 GPT가 보고서를 쓰고, 자율 주행차가 배달을 하고…. 어쩌면 조만간 "과장님, 오늘 제가 커피 한잔 사겠습니다"라고 말하는 AI가 사무실 옆자리에 있을지도 모르겠네요. 이 농담 같은 상상을 산토리의 캔커피 브랜드 BOSS가 먼저 꺼냈군요. 같은 '상사'라는 뜻이지만 上司는 공식적인 상하 관계를 명확히 하는 단어인데 비해, 영어에서 온 ボス(BOSS)는 비공식적인 단어로 캐주얼한 느낌을 줍니다.

いつか 언젠가 | 上司(じょうし) 상사 | ~になる ~가 되다
~たり ~거나 | ~のかな ~일까

세상은 누군가의 일로 이루어져 있다.

世界は誰かの仕事で できている。

조지아 커피 광고 2015)

세상의 모든 일하는 사람들에 대한 감사와 존경의 의미를 담은 이 문장은 2014년에 시작한 캔커피 브랜드 조지아의 광고 카피입니다. 매일 아침 마시는 커피, 달리는 전철, 깨끗한 거리까지 우리가 당연하게 느리는 모든 것들이 누군가의 일로 만들어집니다. 내가 지금 하는 일도, 누군가의 삶을 만들고 있을 거라는 자부심도 주네요. 仕事(しごと)는 '일'이라는 뜻의 단어입니다. 회사에서 하는 구체적 업무인 業務(ぎょうむ)나 직장 일을 뜻하는 勤(つと)め에 비해 일반적인 '일'이란 의미로 폭넓게 사용됩니다.

世界(せかい) 세상 | 誰(だれ)か 누군가 | 仕事(しごと) 일
できている 이루어져 있다

No.143

인생에 쓸데없는 경험은 없다.
쓸데없는 작업은 있다.

人生に無駄な経験は、ない。
無駄な作業は、ある。

OSK 신문 광고 (2014)

성공뿐 아니라 실패까지도 훗날 인생에 도움이 되는 소중한 경험이 됩니다. 결과보다는 과정이 중요한 것이죠. 그렇다고 해서 우리가 하는 모든 일들이 가치가 있는 건 아닙니다. 손쉬운 방법으로 간단히 해결할 수 있는 일을, 의미 없이 반복해야 한다면 이처럼 짜증 나고 쓸데없는 것도 없습니다. 대구로 이루어진 두 문장의 끝을 단호하게 ない(없다)와 ある(있다)로 맺어 공감과 메시지의 임팩트를 높인 카피입니다.

人生(じんせい) 인생 | 無駄(むだ)だ 헛되다, 쓸데없다
経験(けいけん) 경험 | 作業(さぎょう) 작업

No.144

회사를 옮겨도, 안 옮겨도
인생은 계속된다.

転職しても、しなくても、
人生はつづく。

리쿠르트 잡지 광고 (1998)

다니던 회사를 옮기는 일은 인생의 큰 갈림길 중 하나가 됩니다. 당장 받는 급여의 수준은 물론, 커리어의 방향이 달라질 수도 있으니까요. 그래서 전직을 앞두고 큰 고민에 빠지는 경우가 많죠. 그런데 어떤 결정을 하든 결과가 바로 나오는 건 아닙니다. 그 안의 무수히 많은 과정이 어떤 결론으로 우릴 이끌지 아무도 모릅니다. 그렇게 인생은 계속됩니다. つづく는 '계속되다'는 뜻의 단어입니다. 시간, 공간, 행동, 상태 등 다양한 것이 이어질 때 사용됩니다.

転職(てんしょく) 전직 | 人生(じんせい) 인생 | つづく 계속되다

무리하지 말라는 말을 들으면 더 열심히 할 수 있게 돼.
신기하죠?

無理しないでねって
言われると、がんばれちゃう。
フシギですよね。

온워드 온라인 광고 (2009)

옛이야기 속에는 자신을 알아주는 이를 위해 목숨까지 바치는 선비나 장군이 종종 등장합니다. 평범한 우리들은 목숨까지는 못 내줘도, 알아주고 이해해 주는 사람을 위해서라면 없던 의욕과 힘을 끌어올리죠. 돈이나 눈에 보이는 이익보다 자존심과 자부심이 사람을 움직이는 더 큰 동력이 되기도 합니다. ~ちゃう는 ~てしまう의 구어체 축약형입니다. '~해 버리다'라는 뜻으로 예상치 못한 결과를 나타내는데, 여기서는 '나도 모르게 열심히 하게 된다'는 무의식적이고 자연스러운 결과를 나타냅니다.

無理(むり) 무리 | 言(い)われる 말을 듣다[言う의 수동형]
がんばれる 힘낼 수 있다[がんばる의 가능형]
不思議(ふしぎ) 불가사의, 이상함, 희한함

No.146

점심시간에 뒷담화를 늘어놓는 것이
마음의 오아시스.

ランチで愚痴言ったりするのが、心のオアシス

오비스 옥외 광고 (2022)

마음 맞는 동료끼리 식사를 하면서 나누는 이야기는 좋은 감정의 해소처이자 생활의 활력소가 됩니다. 업무에 대한 투정, 선배에 대한 불평, 진상 고객에 대한 불만 같은 회사 이야기는 좋은 소재가 됩니다. 거기에 가족이나 친구에 대한 험담, 연예인들 뒷이야기까지 화젯거리는 무궁무진하죠. ~たりする는 예시를 들거나, 반복이나 습관적인 행동을 표현할 때 쓰며 '~하곤 하다'의 의미입니다. 원문의 '불평을 늘어놓곤 하는 것'을 뒷담화로 옮겼습니다.

ランチ 런치, 점심 | 愚痴(ぐち) 푸념, 불평 | 言(い)う 말하다
~たりする ~곤 하다 | 心(こころ) ㅁ 음 | オアシス 오아시스

No.147

행복은
밥이 지어지는 곳에 있다.

幸福は、
ごはんが炊かれる場所にある。

Hotto Motto 포스터 (2009)

도시락 전문 업체 Hotto Motto의 카피입니다. 바쁠 때 혼자 먹는 도시락이지만, 집에서 가족과 함께 먹는 음식처럼 제공하겠다는 기업의 마음이 전해집니다. 그런 생각은 브랜드명에 고스란히 담겨 있는데요. Hotto Motto의 Hotto(ホット)는 hot의 일본식 발음이고, Motto(もっと)는 '더'를 의미합니다. 이름만 들어도 왠지 더 따뜻해지는 느낌이네요.

幸福(こうふく) 행복 | ごはん 밥 | 炊(た)かれる 지어지다[炊く의 수동형]
場所(ばしょ) 장소

No.148

몇 %를 넘으면
모두의 의견이라 할 수 있을까.

何%を超えると、
みんなの意見なんだろう。

HASSO 카페 with PRONTO 포스터 (2015)

카페 이름 HASSO는 '발상'을 뜻하는 일본어 発想^{はっそう}에서 왔습니다. 이 곳은 광고 대행사 하쿠호도와 카페 브랜드 PRONTO의 협업으로 만든 공간입니다. 음료와 음식만을 제공하는 곳이 아니라, 이름 그대로 창조적인 아이디어를 자극하고 공유하는 장소로 기획됐습니다. 이 카피는 오프닝 이벤트의 포스터에 쓰여 있던 것인데요. 창의적인 발상과 아이디어 공유 과정에서 말하는 '모두의 의견'의 의미와 가치에 대해 질문을 던지고 있습니다.

何(なん) 몇 | 超(こ)える 넘다 | みんな 모두 | 意見(いけん) 의견
なんだろう 무엇일까(의문과 추측)

1,800년 전부터
사회인은 외모가 9할.

1800年前から、
社会人は見た目が9割。

우시오출판사 애장판 삼국지 포스터 (2010)

고전은 시대를 초월한 통찰을 담고 있습니다. 1,800년 전 영웅들의 서사에서 발견한 외모 지상주의라니. 겉모습으로 사람을 판단하는 사회인들의 본성은 시간이 지나도 변함이 없네요. 見た目는 '겉모습', '외모' 등을 가리키는 말입니다. 같은 뜻으로 外見이 있습니다. 外見도 見た目처럼 일상적으로도 많이 사용하지만, 문어체나 공식적인 맥락에 더 어울립니다.

年(ねん) 년 | 前(まえ) 전 | ~から ~부터 | 社会人(しゃかいじん) 사회인
見(み)た目(め) 겉모습 | 割(わり) [비율]할, 십분의 일

No.150

콤플렉스가 있다.
그래서 열심히 할 수 있다.

コンプレックスがある。
だから がんばれる。

온워드 온라인 광고 (2008)

콤플렉스가 없는 사람은 없습니다. 그것을 부끄러워하며 숨기느냐, 성장의 동력으로 삼느냐만 다를 뿐입니다. 콤플렉스를 에너지로 쓰는 첫걸음은 인정하는 것이라고 하죠. 외모이든, 조건이든, 실력이든 상관없습니다. 일단 받아들이고 나면 약점은 별것 아닌 게 됩니다. 그러면 자신감을 가지고 당당할 수 있습니다. 이 카피를 '원영적 사고'로 해석하면 이렇게 되겠죠. "콤플렉스가 있어서 열심히 할 수 있으니 얼마나 럭키비키야!"

コンプレックス 콤플렉스 | だから 그래서
がんばれる 열심히 할 수 있다[がんばる의 가능형]

No.151

회사에 사람이 많은 건,
당신의 약점을 희석하기 위해서입니다

会社に人がたくさんいるのは、あなたの弱点を薄めるためです。

유키지루시유업 옥외 광고 (2022)

독특한 위로입니다. 대개는 '당신은 할 수 있다'라거나, '당신은 특별하다'는 이야기로 회사원들을 격려하는데, 당신이 부족한 것은 당연한 거라니요. 부족한 점이 있는 사람들이 모여서 서로의 약점을 가려 주는 것이 회사라는 조직의 본질이라는 주장. 피식 웃음이 나면서도 묘하게 설득력이 느껴집니다. 弱点은 '약점'이란 뜻입니다. 비슷한 의미의 欠点이 '결점'이라는 객관적인 단어라면, 弱点은 조금 더 개인적이고 주관적인 단점을 의미합니다.

会社(かいしゃ) 회사 | 人(ひと) 사람 | たくさん 많이 | あなた 당신
弱点(じゃくてん) 약점 | 薄(うす)める (농도를) 옅게 하다, 묽게 하다

괜찮아. 이렇게 말해 보면
의외로 괜찮아져 버리더군요.

大丈夫。そう口にしてみると、
意外と大丈夫になっちゃいます。

온워드 온라인 광고 (2009)

❖ ❖ ❖

보통은 상황이 나아져서 '괜찮다'고 말하게 되지만, 가끔은 순서가 거꾸로 되기도 합니다. '괜찮아'라고 먼저 말해 본 덕분에 실제로 괜찮아지는 거죠. 입 밖에 내뱉은 말에는 묘한 힘이 있나 봅니다. 몸도, 마음도 그 말을 따라가려 노력하는 걸까요? 大丈夫는 '괜찮다'는 의미로, 일상에서 자주 사용되는 위로의 말입니다. 大丈夫를 한국식으로 읽으면 '대장부'이죠. 한국에서는 건장한 남자를 가리키는 大丈夫가, 일본에서는 '괜찮다'라는 의미로 쓰이는 것이 흥미롭습니다.

そう 그렇게, 그리 | 口(くち)にする 말하다 | してみる 해 보다
意外(いがい) 의외 | ~なっちゃう ~되어 버리다

No.153

"당연한 일상"의 "당연함"은
어디선가 누군가가 만들고 있다.

"当たり前の日常"の "当たり前"は、どこかで誰かがつくっている。

도쿄전업협회 포스터(2013)

별 생각 없이 켜는 전등, 수도꼭지만 틀면 나오는 깨끗한 물, 골목 어딘가에서 들리는 아이들의 웃음소리까지. 이 모든 '당연한' 일상이 실은 누군가의 노력으로 만들어지고 있다는 걸, 그것이 소중한 행복이었다는 걸 우리는 잊고 삽니다. ~ている는 진행 중인 동작, 상태의 지속, 습관적 경험 등 다양한 뉘앙스를 가지고 있습니다. 여기서는 진행 중인 동작의 의미로 사용되어, つくっている는 지금도 이 순간에도 계속되고 있는 현재 진행형의 노력과 수고를 표현했네요.

当(あ)たり前(まえ) 당연함 | 日常(にちじょう) 일상 | どこか 어딘가
誰(だれ)か 누군가 | つくる 만들다

자신을 찾는 것보다
회사를 찾는 편이 자신을 찾게 된다.

自分を探すより、
会社を探した方が、
自分は見つかる。

리쿠르트 포스터 (2008)

❖ ❖ ❖ ❖

직장이 모든 문제를 해결해 주지는 않습니다. 그러나 꽤 많은 문제를 해결해 주죠. 진정한 자신을 발견하는 것도 결국 직업과 직장이라는 틀에서 찾는 경우가 많습니다. 취업 정보 회사인 리쿠르트는 취업 활동이란 결국 자기 발견의 과정이라고 이야기합니다. 여러분은 자기 자신을 잘 찾으셨나요? 아니면, 찾고 있나요? 探す는 '찾는다'는 뜻의 타동사로 찾는 행위에 초점이 맞춰져 있다면, 見つかる는 '발견되다', '찾게 되다'라는 뜻으로 발견된 결과에 중점을 둔 자동사입니다.

自分(じぶん) 자기, 자신 | 探(さが)す 찾다 | ~より ~보다
会社(かいしゃ) 회사 | 方(ほう) 쪽, 편, 방향
見(み)つかる 발견되다, 찾게 되다

No.155

타협이란 나쁜 게 아니야.
언젠가는 모두가 하거든요.

妥協って、悪いことじゃない。
遅かれ早かれ、
みんなするんです。

유키지루시유업 옥외 광고 (2022)

사회생활에서 흔히 부정적으로 여겨지는 '타협'에 대해 새로운 시각을 제시하는 카피입니다. 어쩔 수 없는 현실이라면, 굳이 나쁘게만 볼 필요 없다고 사람들을 토닥거려 줍니다. 어떤 일로든, 어떤 정도든 결국 누구나 하게 되는 일이라는 거지요. ~んです는 ~のです의 구어체 표현입니다. '~인 것입니다'라는 뜻으로 설명이나 이유를 덧붙일 때 씁니다. '우리 모두 그렇잖아요'라며 공감하고 위로하는 뉘앙스가 묻어 있지요.

妥協(だきょう)타협 | 悪(わる)い 나쁘다 | こと 것 | ~じゃない ~가 아니다
遅(おそ)かれ早(はや)かれ 언젠가는 | みんな 모두

> 늘 있던 사무실에서 벗어나면
> 눈이 번쩍 뜨이는 깨달음이 있었다.

いつものオフィスから離れて、
目の覚める気づきがあった。

리쿠르트 온라인 광고 (2018)

❖ ❖ ❖

익숙한 것들은 때때로 우리의 시야를 가립니다. 매일 보는 책상, 매일 마주치는 동료들, 매일 반복되는 업무…. 이런 일상이 만드는 프레임 안에 갇혀 있으면 새로운 생각도, 기회도 잘 보이지 않죠. 이럴 때 늘 있던 공간에서 벗어나는 것도 중요하지만, 더 필요한 건 관점의 전환인지도 모릅니다. 일상이라는 틀을 벗어나야 보이는, 전혀 다른 가능성들이 있으니까요. 覚める는 '눈이 뜨이다', '잠이 깨다' 등의 의미를 갖는 자동사입니다. 눈을 말하는 目와 결합하여 目の覚める는 '눈이 번쩍 뜨이다'라는 관용적 표현이 됩니다.

いつも 항상 | オフィス 사무실 | 離(はな)れる 벗어나다 | 目(め) 눈
覚(さ)める 깨다 | 気(き)づき 깨달음

No.157

일이란,
다른 생각과 생각이
블렌딩되는 것일지도.

仕事って、
違う考えと考えの
ブレンドかもね。

산토리 BOSS 포스터 (2021)

일방통행의 지시와 복종으로 이루어진 곳에서 구성원들이 의욕을 갖고 성장할 수 없겠죠. 서로의 생각이 함께 섞이면서 좋은 결과를 함께 만들어 내는 것. 이런 이상적인 직장의 모습을 여러 종류의 커피를 블렌딩한 제품의 성격과 적절하게 비유한 멋진 카피입니다. 주 타깃인 회사원들의 공감도 불러일으키고요. 시작하는 문장의 '~ってば '~란 것은'이라며 화제를 캐주얼하게 제시하는 말입니다.

仕事(しごと) 일 | 違(ちが)う 다르다 | 考(かんが)え 생각
ブレンド 블렌드, 혼합

어른에게는 좋은 휴가를 보내라는 숙제가 있습니다.

大人には、いい休暇をとる、という宿題があります。

JR동일본 인쇄 광고 (2007)

이 광고가 나오던 시절의 일본은 여전히 일과 생활의 균형보다는 열심히 일하는 것을 칭송하고 있었습니다. 그런 시절에, 좋은 재충전의 시간을 가지는 것은 희망 사항이 아니라 권리이자 의무라고 주장한 카피입니다. 시대를 앞선 생각이었죠. 이것을 '어른의 숙제'라고 표현한 것이 멋지네요. 잘 쉬어야 잘 일할 수 있고, 더 좋은 성과도 낼 수 있다는 것을 지금은 의심하는 사람이 없겠죠? ~という는 '~라는'이란 뜻으로 앞의 내용을 인용하는 표현입니다.

大人(おとな) 어른 | 休暇(きゅうか) 휴가 | とる 가지다, 보내다
宿題(しゅくだい) 숙제

No.159

놀고 있는 게 아니야.
월급에 맞게 일하고 있는 거야.

遊んでいるのではない。
給料に合わせて
働いているのだ。

산토리 리저브 잡지 광고 (1989)

❖ ❖ ❖

'일한 만큼 받는 것'일까요, '받은 만큼 일하는 것'일까요. 고용주와 고용자 사이에 '닭이 먼저냐, 달걀이 먼저냐'보다 12,485배나 더 좁혀지기 힘든 이 입장 차이에서 산토리는 슬쩍 사원들 편을 들었습니다. 직장인의 솔직한 마음을 유쾌하게 포장한 이 카피가 퇴근 후의 술 한잔을 더욱 달콤하게 만들어 주지 않을까요. 合わせる는 타동사로 '맞게 하다', '어울리게 하다' 등의 뜻이 있습니다. 자동사형은 合う입니다.

遊(あそ)ぶ 놀다 | 給料(きゅうりょう) 급여 | 合(あ)わせる 맞추다
働(はたら)く 일하다

어느 정도 짐을 지고 있는 것이
흔들리지 않고 좋다.

重荷があるくらいの方が、
フラフラしなくていい。

오츠카 이온워터 포스터 (2019)

❖ ❖ ❖

무언가를 짊어진다는 건 버거운 일이죠. 하지만 역설적이게도 그 무게가 우리를 지탱해 주기도 합니다. 책임감, 사명감, 의무…. 이런 무게들이 오히려 우리 삶에 중심을 잡아 주는 지지대가 되어 줍니다. 이온워터는 포카리스웨트와 같은 회사에서 나온 음료이지만, 성인 소비자를 겨냥한 제품이다 보니 카피도 묵직하네요. 는 '무거운 짐' 또는 '부담'이란 뜻입니다. 그냥 '짐'을 뜻하는 荷物에 비해 부담스러운 심리가 더 반영되어 있습니다.

重荷(おもに) 무거운 짐, 부담 | くらい 정도 | 方(ほう) 쪽, 방향, 편
フラフラ 휘청휘청

Part 5

관계 関係

관계라는 이름으로 엮인
모두의 이야기를 담은 카피들을 읽어보세요.

Part 5

No. 161 ~ No. 200

원어 낭독과 함께 읽어보세요.

No.161

용건은 없지만, 사랑이 있다.
엄마의 전화는 언제나.

用はないけど、
愛がある。
母の電話はいつも。

일본담배산업 포스터 (2019)

❖ ❖ ❖

엄마와는 특별한 내용 없는 통화를 하는 일이 곧잘 생깁니다. 전화를 끊고 나서 생각해 보면, 굳이 전화를 안 해도 될 만한 이야기였던 거죠. 우리는 잘 압니다. 하지만 전화를 한다는 사실 자체가 제일 중요한 이유였다는 걸. 용건은 없지만 엄마의 사랑만큼은 담겨 있는데, 왜 그렇게 전화를 퉁명스럽게 받았을까요. 이 문장에서 用는 '용도', '소용', '용건' 등의 의미로 쓰이는 명사입니다. 月件을 쓸 수도 있지만, 한 글자인 用를 써서 두 번째 줄의 한 글자 愛와 대구를 이루게 했습니다.

用(よう) 용건 | ~けど ~이지만 | 愛(あい) 사랑 | 母(はは) 엄마
電話(でんわ) 전화 | いつも 언제나

그러고 보니,
절친도 은인도 예전에는 남이었다.

そういえば。
親友も恩人も、
昔は他人だった。

구루나비 신문 광그 (2016)

온라인 식당 추천 및 예약 서비스를 하는 구루나비의 카피입니다. 단순한 식당 추천을 넘어서 의미 있는 만남과 경험을 연결하는 플랫폼이라는 점을 어필하는 문장입니다. 우리는 맛있는 것을 함께 먹으면서, 남이었던 사람과 인생의 중요한 페이지를 함께 써 갈 인연을 만들기도 하죠. そういえば는 '그러고 보니', '생각해 보면'이라는 뜻을 가진 문구로, 문득 떠오른 새로운 이야기를 시작할 때 사용되는 말입니다. 생각과 분위기의 환기를 위해 광고 카피에서도 많이 사용됩니다.

親友(しんゆう) (매우) 친한 친구 | 恩人(おんじん) 은인 | 昔(むかし) 옛날
他人(たにん) 타인

No.163

다른 사람들과 이야기만 하다 보면
자신과 대화할 시간이 없어진다.

人と話してばかりいると、
自分と話す時間がなくなる。

FILT 85호 표지 (2016)

사람들과의 관계와 소통의 중요성은 점점 커지고 있습니다. 그렇지만 넘쳐나는 소통의 홍수 속에서 정작 자신을 안으로 더 단단하게 가꾸고 채우는 것에는 소홀해지는 것 같습니다. 외부와의 커뮤니케이션과 성찰의 균형을 찾아야 한다는 메시지를 쉬운 문장으로 묵직하게 던지고 있습니다. ~ばかりいる는 '~만 하고 있다'는 단어입니다. 조건의 と가 뒤에 붙어 '~만 하고 있으면'이라는 뜻이 됩니다.

人(ひと) 사람 | 話(はな)す 말하다 | 自分(じぶん) 자기, 자신
時間(じかん) 시간 | なくなる 없어지다

No.164

부디 우정이나 사랑만큼은
편리해지지 않기를.

どうか、友情とか愛情だけは、便利になりませんように。

ROPÉ PICNIC 포스터 (2014)

효율을 높이고 이익을 극대화하는 것이 최고의 선이자 합리성처럼 포장되는 시대입니다. 불편한 것, 당장 손해 보는 것을 참지 못하는 사람들도 많죠. 그게 전부 잘못된 기준이라고는 할 수 없겠습니다. 그런데 우정이나 사랑 같은 가치만큼은 그런 기준에 좌우되지 않았으면 한다는 한 패션 브랜드의 메시지에 마음이 뭉클해집니다. どうか는 '어떻게든', '아무쪼록' 등의 의미로 다양하게 활용되는 부사입니다. 여기서는 '부디', '제발'과 같은 강한 희망이나 기원을 나타냅니다.

友情(ゆうじょう) 우정 | 愛情(あいじょう) 애정 | ~だけ ~만큼
便利(べんり) 편리 | ~ように ~하도록

말하지 않아도 알 수 있다.
말하면 더 잘 알게 된다.
가족이니까.

話さなくてもわかる、話せばもっとわかる。家族だからね。

AGF Blendy TV 광고 (1992)

AGF(아지노모토 제너럴 푸드)의 인스턴트 커피 상품, Blendy의 TV 광고 카피입니다. 광고 속에는 사랑하는 사람과 이별한 소녀를 위로하는 가족의 모습이 그려집니다. 가까운 사이니까 말하지 않아도 알 수 있다고는 하지만, 대체로 말하는 편이 더 좋습니다. 이해해 주겠거니 생각하면서 말하지 않았다가, 오해가 쌓이는 경우도 많으니까요. 話せば는 話す의 가정형으로 '말하면'이라는 가정이나 조건의 의미를 나타냅니다.

話(はな)す 말하다 | わかる 알다 | もっと 더욱 | 家族(かぞく) 가족

No.166

자유는 혼자가 되는 것이 아니라
누구와 함께 있어도 자기 자신으로 있을 수 있는 것.

自由は、
ひとりになることじゃなくて
誰といても自分でいられること。

오츠카 이온워터 포스터 (2020)

❖ ❖ ❖

타인과의 관계 속에서 가지는 '자유'의 재해석이 신선한 느낌을 줍니다. 타인과의 관계 속에서도 자신의 본질을 굳건히 지킬 수 있는 것이 진정한 자유라는 주장에 고개를 끄덕이게 되네요. 이런 메시지를 전해 주는 음료는 단순한 목마름이 아니라 인생의 갈증을 해소해 주는 브랜드가 되는 것이겠죠. いられる는 いる(있다)의 가능형으로, 自分과 결합하여 '온전한 자신으로 있을 수 있다'는 심오한 뜻을 만들어 줍니다.

自由(じゆう) 자유 | **ひとり** 한사람, 혼자 | **誰(だれ)** 누구
自分(じぶん) 자기 자신

No.167

만년필은 시간이 걸린다.
그러나 그 시간은 상대방을 생각하는 시간이 된다.

万年筆は、時間がかかる。
でも、その時間は、
相手を思う時間になる。

파이롯트 신문 광고 (2012)

손끝만 까딱하면 지구 반대편의 지인에게도 몇 초 만에 메시지를 보낼 수 있는 시대입니다. 그런데 만년필이라니요. 세상에 이렇게 비효율적인 도구가 있나요. 다른 필기구에 비해 글씨 쓰는 속도도 느리고, 관리도 불편하죠. 그런 압도적인 단점을 카피 한 줄이 최강의 장점으로 바꿔 버렸습니다. 상대방을 생각하는 시간과 정성은 디지털 매체가 쉽게 따라 하기 어려운 것이죠. かかる는 우리말 '걸리다'와 여러모로 유사하게 쓰입니다. '병에 걸리다', '시간이 걸리다' 모두 かかる로 해결되거든요.

万年筆(まんねんひつ) 만년필 | 時間(じかん) 시간 | かかる 걸리다
相手(あいて) 상대 | 思(おも)う 생각하다

No.168

입학식. 어딘가에
평생의 친구가 앉아 있다.

入学式。どこかに、
一生の友達が座っている。

릿쿄대학 포스터 2015)

대학이라는 공간은 학위를 취득하고, 취업을 준비하는 곳만이 아닙니다. 인생의 중요한 인간관계를 형성하면서 인간적으로 성장하는 곳이기도 합니다. 같은 전공을 한 사람들과는 비슷한 진로를 선택하여 졸업 후에도 지속해서 관계를 이어 가기에, 대학 친구가 평생 가는 경우가 실제로 많기도 하죠. 이 카피에서는 どこかに(어딘가에)라는 간단한 단어가 큰 역할을 합니다. 앞으로 벌어질 만남과 일들에 대한 왠지 모를 기대감이 솟아나지 않나요?

入学式(にゅうがくしき) 입학식 | 一生(いっしょう) 평생
友達(ともだち) 친구 | 座(すわ)る 앉다

No.169

가족은 귀찮은 행복이다.

家族は、
面倒くさい幸せだ。

시나노마이니치신문사 웹 광고 (2014)

❖ ❖ ❖

대부분의 광고들이 가족의 따뜻하고 긍정적인 면만 부각하지만, 이 카피는 가족의 양면성을 그대로 보여 줍니다. 세상에 100% 행복하기만 한 가족이 어디 있겠어요. 가족에 대해 이토록 명쾌하면서도 통찰력 넘치는 정의는 찾아보기 쉽지 않을 겁니다. 부정적인 면도 있는 게 현실의 가족인 거죠. 어쩌면 그 귀찮음이 행복의 한 요소가 되기도 하죠. 부정적인 面倒くさい(귀찮다)와 긍정적인 幸せ(행복)가 결합하여 강한 임팩트를 주네요.

家族(かぞく) 가족 | 面倒(めんどう)くさい 번거롭다, 귀찮다
幸(しあわ)せ 행복

가장 전하고 싶은 사람에게만 전하고 있지 않은 것 같다.
"고마워"를 보내자.

いちばん伝えたい人にだけ、伝えていない気がする。ありがとうを贈ろう。

헤이안카쿠 판촉물 (2013)

왜 우리는 가장 가까이 있는 고마운 이들에게 고맙다는 말을 오히려 안 할까요? 가족 의례 서비스 기업 헤이안카쿠(平安閣)의 카피가 당연히 여기는 관계의 소중함을 다시금 생각하게 합니다. 이 문장에서는 '보내다'라는 의미로 贈(おく)る를 썼습니다. 발음이 같은 送(おく)る도 '보내다'라는 뜻이지만, 送る는 물건, 사람, 정보 등의 이동에 초점이 맞춰져 있는 데 반해, 贈る는 마음을 담은 것을 보낸다, 즉 '선물하다'라는 뜻입니다.

一番(いちばん) 가장 | 伝(つた)える 전하다 | 気(き)がする 느낌이 들다
贈(おく)る 보내다

No.171

종이와 펜을 앞에 두면
인간은 조금 솔직해질 수 있다.

紙とペンを前にすると
人は、少し素直になれる。

파이롯트 인쇄 광고 (2010)

글쓰기는 단순히 생각을 문자로 옮기는 것에 그치지 않습니다. 글을 쓰는 행위를 통해서 생각과 마음이 정리되는 효과가 있으니까요. 특히 펜으로 직접 종이 위에 쓰는 것은 자기표현과 성찰의 기회가 됩니다. 진정성이 느껴지죠. 크고 작은 잘못을 저지른 유명인들이 손 글씨로 직접 쓴 사과문을 발표하는 것에는 다 이유가 있는 것 같습니다.
前にする는 '앞'을 뜻하는 前와 '하다'를 의미하는 する가 결합하여 '앞에 두다'라는 의미가 됩니다.

紙(かみ) 종이 | ペン 펜 | 前(まえ) 앞 | 少(すこ)し 조금
素直(すなお)に 솔직하게 | なれる 될 수 있다[なる의 가능형]

지켜야 할 것이 생기면
사람은 조금 약해진다.

守るものができると、
人は、少しよわくなる。

선 스튜디오 오카야마 도스터 (2011)

임산부를 위한 요가 교실의 카피입니다. 지켜야 할 생명이 생기면 기적처럼 초인적인 힘과 용기가 생깁니다. 그러나 그 책임감과 보호 본능은 때때로는 불안한 보호자를 한없이 취약한 존재로 만들기도 하죠. 엄마가 강해지는 것도, 약해지는 것도 결국 사랑 때문입니다. 모성은 참 위대하면서도 신비한 것입니다. できる는 '가능하다', '되다', '생기다' 등 다양한 뜻으로 사용되는데, 여기서는 '생기다'의 의미로 쓰였습니다.

守(まも)る 지키다 | もの 것 | できる 생기다
弱(よわ)くなる 약해지다

No.173

"바쁘면 무리해서 오지 않아도 돼"는
대부분의 경우 거짓말입니다.

「忙しいなら無理して
帰らなくていいよ。」は、
ほとんどの場合、嘘です。

JR 잡지 광고 (1996)

한국이나 일본이나 보고 싶은 마음을 참아 가며, 자식 먼저 생각하는 부모의 마음은 다 똑같은 것 같습니다. 워낙 자주 듣는 말이라 음성 지원이 되는 것 같네요. 사회가 빠르고 각박하게 변해도 부모의 사랑과 헌신은 쉽게 변하지 않는 것 같습니다. 카피의 마지막 부분이 재미있습니다. "嘘です"라며, 부모님들의 착한 거짓말을 들춰내는 문구에 절로 웃음이 나지 않나요?

忙(いそが)しい 바쁘다 | ~なら ~이면 | 無理(むり) 무리 | 帰(かえ)る 돌아오다
ほとんど 대부분 | 場合(ばあい) 경우 | 嘘(うそ) 거짓말

No.174

세상이 정한 어른이 되려고 하지 않는 것도
어른이 되는 방법이라 생각해.

決められた大人に
ならないことも、
成人だと思う。

일본우정그룹 TV 끝고 (2023)

❖ ❖ ❖

일본우정그룹(日本郵政グループ)이 성인의 날을 맞이하여 만든 광고의 카피입니다. 성적 정체성을 두고 고민하던 아들을 응원해 온 엄마에게, 아들이 보내는 감사 편지의 형식으로 화제가 됐습니다. 이 카피에서는 한 문장 안에 '어른'이라는 뜻의 단어가 두 개 나옵니다. 大人(おとな)는 일반적인 의미의 '어른'이라는 뜻인데, 成人(せいじん)은 법적, 제도적인 의미가 강합니다. "成人だと思(おも)う"를 직역하면 '성인이라고 생각해'지만 원본 광고와 배경 설명 없이 취지를 쉽게 전달하기 위해 풀어서 의역했습니다.

決(き)められる 정해지다[決める의 ~동형] | 大人(おとな) 어른 것 | 成人(せいじん) 성인 | ~と 思(おも)う ~라고 생각하다

No.175

선물을 고민하는 모습이
가장 좋은 선물일지도.

贈りものを
悩んでいる姿が、
一番の贈りものかもね。

쿠로몬코지 가나자와 엠자 포스터 (2015)

쇼핑몰의 카페답게 선물에 대한 통찰을 담았습니다. 당연히 비싸고 귀한 물건일수록 눈이 더 가는 게 인지상정입니다. 하지만 전해 내려오는 많은 격언들은 선물의 가치가 물건보다 고르는 사람의 마음에 있다고 일러 줍니다. 나를 생각하며 선물을 고르는 누군가의 모습만으로도 마음이 훈훈해지죠. 贈^{おく}りもの는 '선물'이란 뜻으로, 일반적인 선물을 의미하는 プレゼント, 여행지의 기념품 선물인 お土産^{みやげ}보다 격식 있고 정중한 선물을 의미합니다.

贈(おく)りもの 선물 | 悩(なや)む 고민하다 | 姿(すがた) 모습
一番(いちばん) 가장 | ~かも ~일지도

No.176

천국은 우리 집에 있었다.

天国は
我が家にあった。

SHARP 신문 광고 (1991)

❖ ❖ ❖

밖에서 아무리 피곤했어도 현관문을 열고 들어서는 순간 왠지 모르게 마음이 탁 놓이면서 스르르 편안해지는 기분. '뭐니 뭐니 해도 우리 집이 최고'란 말은 진리입니다. 我が는 '우리의' 혹은 '나의'라는 뜻으로, 私たちの보다 격식이 있는 표현입니다. 그래서 我が家는 '우리집'이란 뜻인데 단순한 소유나 주거의 의미를 넘어서는 애정이 묻어나는 표현입니다. 천국이 있을 만하죠?

天国 (てんごく) 천국 | 我(わ)が家(や) 우리 집 | ~にある ~에 있다

No.177

"다녀왔어요"와
"어서 오세요"가 있는 행복.

ただいまと、
おかえりのある幸せ。

키노시타공무소 (2024)

주택 건축 전문 기업인 키노시타공무소(木下工務店)가 집의 의미를 생각하게 합니다. 매일 같이 집에서 주고받는 인사가 "다녀왔어요"와 "어서 오세요"입니다. 습관처럼 입에 붙은 당연한 인사말이라 평소에는 소중한 줄 모르고 지내죠. 하지만 생각해 보세요. 아무런 감흥 없이 이 인사를 주고받는다는 게 얼마나 큰 행복인지. 이 카피를 읽다 보면 오늘 퇴근길에는 평소보다 좀 더 따뜻하게 가족들과 인사를 나누고 싶어지지 않나요?

ただいま 다녀왔습니다[집에 돌아오면서 하는 인사]
おかえり 어서 와[집에 돌아오는 사람을 맞이하는 인사] | 幸(しあわ)せ 행복

꽃을 좋아하는 건 엄마를 닮아서.
엄마를 좋아하는 건 아빠를 닮아서.

花を好きなのは母親似。
母を好きなのは父親似。

이토요카도 프로모션 (2014)

소매업 전문 기업인 이토요카도가 어머니의 날과 아버지의 날을 기념하여 만든 판촉물의 카피입니다. 꽃을 좋아하는 엄마, 엄마를 아끼고 사랑하는 아빠. 그리고, 그 두 사람을 닮은 자식. 그런 가족이 있다는 사실만으로도 행복할 수 있습니다. 머릿속에 그 모습을 떠올리는 우리들 입가에도 미소가 지어지듯이 말이죠. 닮았다는 의미의 한자 似를 엄마와 아빠를 가리키는 단어 뒤에 붙이면 각각 '엄마를 닮음(母親似, 외탁)', '아빠를 닮음(父親似, 친탁)'이라는 뜻이 됩니다.

花(はな) 꽃 | 好(す)きだ 좋아하다 | 母親似(ははおやに) 엄마를 닮음, 외탁
父親似(ちちおやに) 아빠를 닮음, 친탁

No.179

저 사람도
한잔해 보면
좋은 사람일지도.

あの人も、
一杯やれば
いい人かもネ。

산토리 위스키 인쇄 광고 (1999)

첫인상이 별로였거나 평소에 거리감이 있던 사람과 이야기하면서, 의외의 좋은 면이나 공통점을 발견하고는 급격히 친해지는 경우가 있죠. 확실히 사람은 직접 만나서 대화하고 경험해 봐야 조금이라도 알 수 있습니다. ~かも(일지도)는 ~かもしれない(일지도 모른다)에서 しれない(모른다)가 생략된 형태입니다. 문장의 끝에 오는 가타카나 ネ는, 원래 히라가나 ね로 쓰는 종조사로, 동의나 확인을 구하는 뉘앙스를 주면서 독자와의 공감을 부드럽게 형성해 줍니다.

あの 저 | 一杯(いっぱい)やる (술)한잔하다 | ~かも ~일지도

No.180

누군가에게 맞춰서
나를 바꾸는 건
역시 무리야.

誰かに合わせて
自分を変えるなんて
やっぱりムリだ。

온워드 온라인 광고 (2009)

사회적인 시선이나 주변의 기대가 주는 압박에서 벗어나 나다워지라고 말들 합니다. 그러나 생각처럼 쉬운 일만은 아닙니다. 그리고 그렇게 하는 방법으로 제시되는 것들이 또 다른 유행이나 고정 관념일 때도 있습니다. 가장 나에게 편한 것, 내 마음이 시키는 것을 따르는 게 최선이 아닐까요. 이 카피는 ~なんて(~하는 것, 따위)나 やっぱり(역시)처럼 일상생활에서 자주 사용되는 구어체 표현을 써서, 마치 친구와 대화하는 것 같은 친근한 느낌을 줍니다.

誰(だれ)か 누군가 | 合(あ)わせる 맞추다 | 自分(じぶん) 자기, 자신
変(か)える 바꾸다 | やっぱり 역시 | 無理(むり) 무리

No.181

동물은 배신하지 않는다.
배신하는 건 언제나 사람이다.

動物は裏切らない。
裏切るのはいつも人間の方。

닛신제분 포스터 (1999)

❖ ❖ ❖

자신의 본능에 충실하며 솔직하게 살아가는 동물들에게 배신이라는 개념은 없는 것일지도 모르겠습니다. 그런 동물들을 얕잡아 보며 우리는 '동물만도 못하다'는 말도 하죠. 그런데 어쩌면 '동물만큼 하며 사는 것'이 쉬운 일이 아닐 수도 있겠습니다. 方는 기본적으로는 '방향'이란 뜻을 가지고 있습니다. 그래서 '쪽', '편', '방법', '사람' 등 다양한 것을 지칭합니다. 단어에 따라 발음이 ほう 또는 かた로 달라지는 점을 신경 써야 합니다.

動物(どうぶつ) 동물 | 裏切(うらぎ)る 배신하다 | いつも 언제나
方(ほう) 쪽, 편, 방향

어른이 되어서 알게 된 것.
성의는 결국 금액이라는 것.

大人になって知ったこと。
誠意は結局金額だということ。

JT Roots 포스터 (2015)

인정하고 싶지는 않지만, 액수의 크기가 마음의 크기로 곧잘 해석되는 것이 우리의 사회생활입니다. 부조금을 낼 때 가장 극명하게 드러나죠. 금액이 관계를 대신 말해주죠. 관계에 걸맞은 금액이 성의가 되는 것이 어른들의 세계라니, 어른으로 사는 건 정말 피곤한 일입니다. 이 카피에서 金額는 '금액'을 뜻하여 '돈'이란 뜻의 お金에 비해, 좀 더 공식적이며 비즈니스적인 상황에 자주 쓰입니다. 여기서는 '돈의 많고 적음'의 의미입니다.

大人(おとな) 어른 | 知(し)る 알다 | 誠意(せいい) 성의
結局(けっきょく) 결국 | 金額(きんがく) 금액 | ~ということ ~라는 것

No.183

어른이 되고 싶다.
그래도 당신같이 되고 싶지는 않다.

大人になりたい。
だけどあなたのようには
なりたくない。

뉴발란스 TV 광고 (2011)

새로운 세대는 언제나 전 세대에 대한 불만을 동력으로 성장합니다. '이렇게 하고 싶지 않다', '저렇게 되고 싶지 않다'는 생각이 분명 새로운 것을 추구하는 에너지가 되죠. 그렇게 성장해 어른이 된 세대도, 세월이 흐르면 똑같이 다음 세대에 의해 부정당합니다. だけど는 だけれど의 준말로 '그래도', '하지만'이라는 의미입니다. 일상생활에서도 지금까지 이야기한 내용에 대한 반대나 반전의 메시지를 시작할 때 자주 사용합니다.

大人(おとな) 어른 | なりたい 되고 싶다 | だけど 그래도
~のように ~처럼

동창회에 가면,
동창회에 오지 않은 친구의 이야기로 흥이 오른다.

同窓会に行くと、
同窓会に来ていない人の
話題で盛り上がる。

일본우정그룹 포스터 (2008)

❖ ❖ ❖

오랜만에 학창 시절의 친구들을 만나면 짧은 근황 토크 이후엔 옛날이야기로 꽃을 피웁니다. 했던 이야기를 하고 또 하는데도, 절대 지루하지 않죠. 그때 가장 입에 많이 오르는 소재가, 그 자리에 없는 친구입니다. 역시 어디나 똑같군요. 盛り上がる는 '부풀어 오르다', '고조되다' 등의 의미를 갖는 단어입니다. 분위기나 기운 등이 고조될 때 많이 사용되는데, 근육이 솟아오르는 것처럼 물리적으로 눈에 보이는 상황에도 자주 사용됩니다.

同窓会(どうそうかい) 동창회 | 行(い)く 가다 | 来(き)ていない 오지 않았다
話題(わだい) 화제 | 盛(も)り上(あ)がる 달아오르다, 고조되다

결혼기념일은
우리 가족의 생일일지도.

結婚記念日って、
わが家の誕生日かもしれない。

페쉐미뇽 포스터 (2018)

❖ ❖ ❖

프랑스식 제과점 페쉐미뇽의 광고 카피입니다. 어떤 이벤트에도 케이크는 잘 어울립니다. 작은 테이블 위에 케이크만 하나 올라가 있어도 분위기는 확 달라지죠. 결혼기념일이 부부 사이에만 의미 있는 일이 아니라, 가족이 시작된 출발점이라는 것을 '생일'이라는 단어로 표현했습니다. 일본어로 생일은 誕生日라고 하는데, 직역하면 '탄생일'이어서 왠지 태어난 사람을 더 특별하게 대해 주는 느낌이 듭니다.

結婚記念日(けっこんきねんび) 결혼기념일 | わが家(や) 우리 집
誕生日(たんじょうび) 생일 | ~かもしれない ~일지도 모르다

No.186

아무래도 엄마의 조언은
한 세대 전의 것입니다.

どうしても、母のアドバイスは
一世代まえのものです。

현민공제 브라이달 잡지 광고 (2003)

앞 세대의 경험은 좋은 참고와 조언이 됩니다. 하지만 변화된 세상에 어울리지 않는 이야기로 다음 세대의 발목을 잡기도 하죠. 무려 한 세대 전에 결혼한 엄마뿐 아니라, 불과 1년 전에 먼저 들어온 회사원이나 학생들도 마찬가지입니다. 비슷한 경험을 가진 윗사람인데 왜 어떤 이는 멘토가 되고, 어떤 이는 꼰대가 되는 걸까요. アドバイス는 영어 advice의 가타카나 표기입니다. '조언'이란 뜻의 助言(じょげん)도 있지만, 일상생활에서는 アドバイス를 많이 사용합니다.

どうしても 아무래도 | 母(はは) 엄마 | アドバイス 조언
世代(せだい) 세대 | 前(まえ) 전

No.187

이인삼각은 잘 넘어진다.
그래서 즐겁다.

二人三脚って、よく転ぶ。
だから楽しい。

메이지 프로바이오 요구르트 포스터 (2018)

이 카피의 광고 포스터에는 팔짱을 끼고 웃는 노부부가 등장합니다. 흔히 부부를 이인삼각에 빗대죠. 서로 다른 사람끼리 한 몸처럼 호흡을 맞추다 보면 삐걱거리고 넘어질 때도 있지만, 그것까지도 둘이 함께하는 즐거움입니다. よく는 우리말 '잘'에 해당하는 부사입니다. '좋게', '능숙하게'라는 의미 외에도 '자주', '충분히' 등 빈도, 정도, 상태 등을 표현하기도 합니다.

二人三脚(ににんさんきゃく) 이인삼각 | よく 잘
転(ころ)ぶ 구르다, 넘어지다 | だから 그러니까 | 楽(たの)しい 즐겁다

마음먹은 날이
어버이날이 된다.

思い立った日が、
父の日、母の日になる。

JR규슈 포스터 (2010)

❖ ❖ ❖

달력상에 정해진 날뿐만 아니라, 생각나서 마음먹으면 그 날이 어버이날이 된다는 이야기. 가끔은 기차를 타고 부모님을 찾아뵈라는 철도 회사 광고 카피의 취지와는 맞지 않지만, 말 나온 김에 오늘은 전화라도 한 통 해 보면 어떨까요. 한국에서는 어버이날로 함께 기념하지만, 일본은 어머니의 날(母の日)과 아버지의 날(父の日)을 따로 기념합니다. 어머니의 날은 5월 둘째 주 일요일, 아버지의 날은 6월 셋째 주 일요일입니다.

思(おも)い立(た)つ 마음먹다 | 日(ひ) 날 | 父(ちち)の日(ひ) 아버지의 날
母(はは)の日(ひ) 어머니의 날

No.189

아주 오래전에 드린 것을
엄마는 지금도 가지고 있다.

ずっと昔にあげたものを、
母はいまでも持っている。

이와타야 백화점 인쇄 광고 (2003)

선물만이 아니라 자식과 관련된 것이라면 쉽게 버리지 못하고 오랫동안 간직하는 엄마들 마음은 어디나 마찬가지인가 봅니다. 그렇게 보관한 것들은 시간이 흐르고 나면, 둘도 없이 소중한 추억이 되기도 하죠. 엄마들이 자식을 생각하는 마음 자체가 자식들에게는 둘도 없는 선물이 됩니다. 그때는 잘 모르지만요. 持っている는 '가지다'를 뜻하는 持つ의 て형에 いる가 결합한 것입니다. 처음에 가진 이후 줄곧 가지고 있는 상태를 나타냅니다.

ずっと 아주, 줄곧 | 昔(むかし) 옛날 | あげる 주다 | 母(はは) 어머니
いまでも 지금까지도 | 持(も)つ 가지다, 쥐다

No.190

모든 추억은
사람과 시간과 장소로 이루어져 있다.

すべての思い出は、
人と時間と場所で できている。

리쿠르트 포스터 (2009)

추억은 장소와 강하게 맞물려 기억됩니다. 때론 시간과 상대방의 얼굴은 잊어버려도, 장소에 대한 기억만큼은 오래 가기도 하죠. 우연히 들른 장소에서, 옛 추억이 소환되는 것은 막으려야 막을 수가 없습니다. 여기에서 と는 두 개 이상의 항목을 나열할 때 사용하는 조사입니다. 같은 의미로 사용할 수 있는 것으로는 や가 있는데요. と는 나열한 것이 전부라는 느낌이 있고, や를 쓰면 나열한 것 외에도 다른 것이 있을 수 있다는 뉘앙스입니다.

すべて 모두, 전부 | 思(おも)い出(で) 추억 | 人(ひと) 사람
時間(じかん) 시간 | 場所(ばしょ) 장소 | できている 이루어져 있다

No.191

"힘내"라고
엄마는 말하지 않는다.

頑張れ。
母は言わない。

아사히음료 칼피스 TV 광고 (2023)

한국만큼 유난스러운 일본의 입시 철에 나온 TV 광고 카피입니다. "힘내"라는 말이 때론 더 큰 부담이 된다는 것을 엄마는 알고 있습니다. 이미 충분히 노력하고 있다는 걸 잘 알고 있는 엄마는 시험 성적도 묻지 않습니다. 그저 변함없이 곁에서 묵묵히 챙겨 줍니다. 엄마의 침묵이 더 큰 응원이라는 것을 아들도 알고 있어서 왠지 마음이 더 흐뭇해지는 광고입니다.

頑張(がんば)る 힘내다 | 母(はは) 어머니 | 言(い)う 말하다

No.192

잘 다녀오렴,
네가 바라는 곳까지.

いってらっしゃい、
君が思うところまで。

소테츠그룹 사가미철도 TV 광고 (2023)

"다녀오겠습니다"라며 매일 인사하던 아이가 어느덧 자라 부모의 손을 놓고 떠나갑니다. 가고 싶은 곳까지 어디든 가 보렴. 아빠는 여기서 언제든 네가 돌아올 수 있도록 여기를 지키고 있을게…. 출근하는 아빠와 함께 전철로 통학하던 딸의 성장 과정을 통해 부모의 마음을 그린 카피입니다. '잘 다녀오겠습니다'라는 뜻의 いってきます에 답하는 인사말 '잘 다녀와라'가 いってらっしゃい입니다. 매일 주고받는 일상의 인사로 부모의 깊은 사랑을 감동적으로 보여 줍니다.

いってらっしゃい 다녀오세요 | 君(きみ) 너, 그대 | 思(おも)う 생각하다
ところ 곳 | ~まで ~까지

No.193

하루 만에 아내는 될 수 있어도
하루 만에 엄마는 될 수 없다.

一日で妻になれるけど、
一日で母にはなれない。

선 스튜디오 오카야마 포스터 (2010)

❖ ❖ ❖

결혼을 하면 하루 만에 '아내'가 될 수 있습니다. 하지만 '어머니'는 다르죠. 아이를 낳는다고 해서, 바로 어머니가 되는 건 아닙니다. 수많은 시행착오와 긴 시간이 필요한 과정이니까요. 임산부 전문 요가 스튜디오의 광고답게 모성에 대한 통찰이 인상적인 카피입니다. 妻는 '아내'라는 뜻입니다. 타인의 아내를 가리키는 奥さま나, 자신의 아내를 남에게 겸손하게 소개하는 家内에 비해 중립적인 표현입니다.

一日(いちにち) 하루 | 妻(つま) 아내 | 母(はは) 어머니 | なれる 될 수 있다

"미안해", "고마워", "좋아해"란 말을
한마디로 하면 "한잔하자"가 됩니다.

「ごめんね」とか「ありがと」とか「好きだよ」とかをひとことで言うと「飲もうよ」になります。

산토리 포스터 (2021)

❖ ❖ ❖

말하기 어려운 진심들이 있죠. 그래서 우리는 미안한 마음, 고마운 마음, 좋아하는 마음을 "한잔하자"라는 말 속에 담아 봅니다. 거창한 수식 없이, 술잔 기울이는 소리만으로도 서로의 마음이 통하는 순간이 있죠. 그래서 인생에는 이런 시간이, 이런 한잔이 필요한가 봅니다. 飲もう는 '마시다'라는 뜻을 가진 飲む의 청유형입니다. 우리에게 익숙한 "한잔하자"로 의역했습니다. 정말로 한 잔으로 끝나는 경우는 못 봤습니다만.

ごめんね 미안해 | ありがと 고마워(•회화체) | 好(す)きだ 좋아해
~とか ~라든가 | 一言(ひとこと) 한마디 | 言(い)う 말하다 | 飲(の)む 마시다

No.195

3층의 딸내미 방이
회사보다 멀다.

3階の娘の部屋は、
会社より遠い。

아사히카세이 신문 광고 (2002)

❖ ❖ ❖

매일 출퇴근하는 회사는 한 시간 거리인데, 바로 위층 딸아이의 방은 마치 다른 우주 같습니다. "밥 먹자"는 부모의 말 한마디가 닿지 않고, "잘 지내니?"라는 관심도 문 앞에서 멈추는 사춘기. 한집에 살면서도 차마 건너지 못하는 이 거리감에, 전국의 부모들이 고개를 끄덕이실 것 같네요. 遠(とお)い는 '멀다'는 뜻으로, 물리적 거리뿐 아니라 시간의 간격이 긴 것도 표현합니다. 이 카피에서처럼 관계의 거리를 드러낼 때도 유용하죠. 공간, 시간, 심리 모든 영역의 거리감을 아우르는 표현입니다.

階(かい) 층 | 娘(むすめ) 딸 | 部屋(へや) 방 | 会社(かいしゃ) 회사
~より ~보다 | 遠(とお)い 멀다

No.196

사진 속의 당신과
점점 닮아 가는 나.

写真のなかのあなたに、
どんどん似ていく私。

오부츠단노 코가 포스터 (2017)

❖ ❖ ❖

거울 속에 비친 내 모습을 바라보다 문득 깨닫습니다. 사진 속 그 미소가, 그 눈매가, 그 표정이 불단에 모신 사진 속 부모님의 모습과 닮았음을. 해가 갈수록 비슷해져 가는 건 얼굴만이 아닌지도 모릅니다. 말투도, 생각도, 삶을 대하는 태도도…. 부모님은 세상을 떠난 후에도 그렇게 늘 우리 안에서 계시나 봅니다. 오부츠단노 코가는 후쿠오카에 위치한 제사 용품 전문점입니다. どんどん은 '점점', '계속해서'를 의미하는 부사로, 似ていく(닮아 가다)와 결합하여 시간의 흐름 속 변화를 자연스럽게 표현합니다.

写真(しゃしん) 사진 | 中(なか) 속, 가운데 | どんどん 점점
似(に)る 닮다 | 私(わたし) 나

No.197

인생은 좋아하는 사람보다
좋아하지 않는 사람과 보내는 시간이 분명 더 길다.

人生は、好きな人より、好きじゃない人とすごす時間のほうが、きっと長い。

스미토모생명보험 신문 광고 (2015)

사랑하는 가족, 친한 친구, 마음 맞는 동료…. 우리가 선택한 소중한 인연도 많지만, 그보다 더 많은 시간을 우리는 선택하지 않은 관계 속에서 보내는 것이 현실입니다. 같은 전철에서 만나는 얼굴들, 업무로 마주치는 사람들, 이웃들까지. 보험 회사의 광고가 짚어 주는 이 냉정한 사실이 내가 지내는 시간의 의미를 진지하게 생각해 보게 만듭니다. きっと는 '분명히', '틀림없이'라는 확신을 나타내는 부사입니다. 이보다 더 강한 확신을 나타낼 때는 必ずな 絶対를 씁니다.

好(す)きだ 좋아하다 | すごす 보내다 | きっと 분명히 | 長(なが)い 길다

가장 곁에 있는 사람에게
우리는 가장 따뜻하게 대하고 있을까.

一番そばにいる人に、僕らは一番やさしくしているだろうか。

JT 포스터 (2018)

때로는 가장 가까운 사람을 가장 쉽게 아프게 합니다. 밖에서는 친절하지만, 매일 마주하는 가족에게는 작은 일에 짜증을 내죠. 늘 함께하는 동료에게 무심하게 되고, 오래된 친구에게 더 소홀해지곤 합니다. 가장 소중한 사람을 그에 걸맞게 대하고 있는지 돌아보게 만드는 카피네요. 僕(ぼく)ら는 '우리'라는 뜻의 인칭대명사입니다. 사적인 자리에서 남자만 사용하는 표현입니다. 같은 뜻을 지닌 私(わたし)たち는 공식적인 자리에서 남녀 상관없이 사용하고, 사적인 자리에서는 여자만 사용 가능한 표현입니다

一番(いちばん) 가장 | そば 곁 | やさしい 상냥하다 | いる 있다
僕(ぼく)ら 우리 | ~だろうか ~일까

No.199

달려라,
엄마 배를 차던 그 발로.

走れ、
母のお腹を蹴っていた
その足で。

삿포로맥주 하코네 역전마라톤* 신문 광고 (2019)
* 신년에 열리는 일본 최대의 대학생 릴레이 마라톤 경기

달리기 대회 응원 광고에 괜히 마음이 울컥합니다. 엄마 뱃속을 통통 차던 작은 발이, 첫걸음마를 떼며 부모를 기쁘게 했던 발이, 수많은 성공과 실패를 담아 성장한 발이 이제는 세상을 향해 힘차게 달릴 준비를 하고 있습니다. 이 카피에는 출발선에 선 선수들뿐 아니라, 세상의 모든 청춘을 응원하는 부모의 마음이 담긴 것 같습니다. 走れ는 走る(달리다)의 명령형입니다. 응원과 격려가 듬뿍 담긴 이런 표현은 명령형이 아니라 '축복형'이라고 해도 무방하지 않을까요?

走(はし)る 달리다 | お腹(なか) 배 | 蹴(け)る 차다 | 足(あし) 발

내 인생에 등장해 줘서 고마워요.

私の人生に、
登場してくれてありがとう。

earth music & ecology 포스터 (2017)

인생이란 드라마에는 수많은 사람들이 등장합니다. 그 셀 수 없을 만큼 많았던 모든 만남이 지금의 나를 만들어 주었다고 생각하면, 인생의 모든 만남에 감사한 마음이 생겨납니다. 이 책을 읽고 있는 여러분도 제 인생에 등장해 주신 분들이죠. 정말 감사합니다. 登場는 '등장'이란 뜻으로, 보통 연극이나 드라마 등에서 사용되는 표현입니다. 신상품이나 특정 분야의 새로운 신인이 등장했을 때 '신(新)'을 붙여서 新登場라고 쓰기도 합니다.

人生(じんせい) 인생 | 登場(とうじょう) 등장 | ~してくれる ~해 주다

엮고 쓴 이 정규영

저자 정규영은 20여 년 경력의 광고인이다. 어느 날 그는 1980년대 일본의 국민 아이돌, 마츠다 세이코의 노래에 푹 빠져 일본어 공부를 시작한다. 교재는 다름 아닌 일본 광고 카피! 각종 카피 관련 사이트를 들락날락하고, 일본의 고서점에서 수십 년 치의 광고 카피 연감을 구매하며 카피를 모았다. 이후, 직접 번역한 카피를 인스타그램에 공유하고 브런치에 글을 쓰며 활동하고 있다. 이 책은 원문 카피가 주는 감동을 더 많은 사람들과 나누고자 하는 마음에서 집필했다.

- ㈜씨세븐플래닝즈 대표 겸 ㈜렛잇플로우 이사
- 한양사이버대학교 광고미디어학과 겸임교수
- 〈AD-Z(광고계 동향)〉 등 칼럼 연재
- 직접 카피를 쓴 광고가 대한민국광고대상 특별상, 소비자가 뽑은 좋은 광고상, 광고학회 선정 올해의 광고상, 대한민국광고대상 우수상, 미국 Questa Awards 동상 등 국내외 광고제 다수 수상
- 서강대학교 경제학과 졸업

인스타그램 @qy.jung
브런치 @gounsun

저서 〈한 줄 카피〉(포르체)

감수 오가타 요시히로(緒方義広)

감수를 맡은 오가타 요시히로는 한국 전문가이다. 약 20년 간 한국에서 살고, 일하고, 놀며 한국 사회에 대한 깊은 이해를 쌓았다. 현재 후쿠오카대학에서 교수로 재직 중이며, 칼럼 연재, 라디오 출연, 그리고 다양한 사회활동으로 한일 양국의 관계 증진에 기여하고 있다.

- 후쿠오카대학 인문학부 동아시아지역언어학과 준교수
- KBS World Radio 일본어 방송 출연 중
- 〈아주경제〉 칼럼 연재
- 前 홍익대학교 경영대학 조교수
- 前 이화여자대학교 통역번역대학원 객원교수
- 연세대학교 대학원 정치학 석사, 박사
- 메이지가쿠인대학 법학부 학사

일본어 명카피 핸드북
Japanese Copywriting Handbook

초판 1쇄 발행	|	2025년 1월 20일
초판 4쇄 발행	|	2025년 4월 1일
지은이	|	정규영
발행인	|	이종원
발행처	|	(주)도서출판 길벗
브랜드	|	길벗이지톡
출판사 등록일	|	1990년 12월 24일
주소	|	서울시 마포구 월드컵로 10길 56(서교동)
대표 전화	|	02)332-0931
팩스	|	02)323-0586
홈페이지	|	www.gilbut.co.kr
이메일	|	eztok@gilbut.co.kr
기획 및 책임편집	|	박정현(bonbon@gilbut.co.kr)
디자인	|	강은경
제작	|	이준호, 손일순, 이진혁
마케팅	|	차명환, 장봉석, 최소영
유통혁신	|	한준희
영업관리	|	김명자, 심선숙
독자지원	|	윤정아
일본어 감수	|	오가타 요시히로
교정교열	|	김진아
전산편집	|	조영라
녹음 및 편집	|	와이알미디어
인쇄	|	상지사
제본	|	상지사

- 길벗이지톡은 (주)도서출판 길벗의 성인어학서 출판 브랜드입니다.
- 이 책은 저작권법의 보호를 받는 저작물로 이 책에 실린 모든 내용, 디자인, 이미지, 편집 구성은 허락 없이 복제하거나 다른 매체에 옮겨 실을 수 없습니다.
- 인공지능(AI) 기술 또는 시스템을 훈련하기 위해 이 책의 전체 내용은 물론 일부 문장도 사용하는 것을 금지합니다.
- 잘못 만든 책은 구입한 서점에서 바꿔 드립니다.
- 책 내용에 대한 문의는 길벗 홈페이지(www.gilbut.co.kr) 고객센터에 올려 주세요.

© 정규영, 2025

ISBN 979-11-407-1426-1 03730 (길벗 도서번호 301193)
정가 18,000원